BHAGAVAD GITAN JOOGA

*Johdanto Intian
universaaliin Jumal-oivalluksen
tieteeseen*

Valikoima
Paramahansa Yoganandan
kirjoituksista

Self-Realization Fellowship
FOUNDED 1920 BY PARAMAHANSA YOGANANDA

Englanninkielinen alkuteos:
The Yoga of the Bhagavad Gita
julkaissut Self-Realization Fellowship, Los Angeles, Kalifornia

ISBN: 978-0-87612-033-0

Suomentanut Self-Realization Fellowship

Self-Realization Fellowship -järjestön
kansainvälisen julkaisuneuvoston hyväksymä

Ensimmäinen suomenkielinen painos, 2024
First edition in Finnish, 2024
Tämä painatus: 2024
This printing: 2024

ISBN: 978-1-68568-209-5

1347-J8427

Etukannen kuva: Bhagavan Krishna Yogeshwarana, Joogan Herrana

Ylistystä Paramahansa Yoganandan Bhagavad Gita kommentaarille:

God Talks With Arjuna: Bhagavad Gita – uusi käännös ja kommentaari (julkaissut Self-Realization Fellowship, 1995)

"Yoganandan kommentaari tunkeutuu Bhagavad Gitan sydämeen paljastaen tämän suuren Hindu-tekstin sydämestä löytyvät syvälliset hengelliset ja psykologiset totuudet."

– Publishers Weekly

"Yksi hienoimmista töistä aiheesta...hengellisen, kirjallisen ja filosofisen työn mestariteos."

– India Post

"Tämä ylenpalttinen kaksiosainen painos...on ilo silmälle ja sydämelle...todistus [Yoganandan] erityislaatuiselle ymmärrykselle, joka kumpuaa korkeampien todellisuuksien suorasta kokemisesta, ja myös hänen myötätunnolleen hengellistä totuutta janoavia etsijöitä kohtaan...Koe Bhagavad Gitan todellinen pulssi ja tule vedetyksi sen vaikutuksen piiriin yhden tämän vuosisadan suuren joogamestarin valaisevien sanojen kautta."

– Yoga Journal

"Huomattavan kaunis kukka on noussut Paramahansa Yoganandan kirjoituksista ja perimätiedosta...hän tuo Bhagavad Gitan modernien aikojen välittömään fokukseen....Erittäin suositeltava!"
– The Quest

"Yogananda on kääntänyt jokaisen säkeen pikkutarkasti, mutta se on [hänen] tiedon laajasta kokoelmasta ammentavat selitykset, jotka ovat pääasiallinen viehätys tässä....Viisauden, psykologian, hengen, epistemologian, fysiologian ja joogadoktriinin vaikuttava panoraama...Ällistyttävää."

– The Book Reader

"[Yoganandan] kommentaari...paljastaa korkeimman totuuden, kuitenkin säilyen saavutettavana kaikille etsijöille sen ilmaisun välittömyyden ja yksinkertaisuuden vuoksi...Mitä [hänen] *Omaelämäkertansa* saavuttaa ihmiskokemuksen alueella, *God Talks With Arjuna* saavuttaa kokonaisvaltaisena opetuksena hengelliseen elämään.... Tämä on kirja, jota henkilö voi opiskella ja vaalia koko elämän ajan. Se tullaan muistamaan yhtenä suurena Gita-kommentaarina...."

– Yoga International

Paramahansa Yogananda (1893 – 1952)

Sisällysluettelo

Alkusanat

Sri Krishnan viesti Bhagavad Gitassa on täydellinen vastaus nykyajan ja kaikkien aikojen kysymyksiin: Velvollisuudentuntoisten tekojen, kiintymättömyyden ja meditaation jooga Jumal-oivalluksen saavuttamiseksi. Työskentely ilman sisäistä Jumalan rauhaa on Manala, mutta työskentely Hänen ilonsa kupliessa koko ajan sielun lävitse, on kuin kantaisi kannettavaa paratiisia sisällään, minne ihminen meneekin.

—Paramahansa Yogananda

J o vuosisatojen ajan Bhagavad Gitaa on pidetty yhtenä universaalin hengellisen viisauden – koko ihmisyyden yhdistävän perinnön – ylevimmistä ilmauksista. Se on Intian rakastetuin pyhä kirjoitus joogasta, jumalallisen yhteyden tieteestä – ja lisäksi ajaton ohjenuora onnellisuuteen ja tasapainoiseen menestykseen jokapäiväisessä elämässä.

Bhagavad Gitan sanskritinkielinen alkuperäisteos on käännetty useita kertoja englanniksi ja muille eurooppalaisille kielille. Jotkut kääntäjät ovat olleet kielitieteilijöitä tai filosofiantutkijoita, toiset kirjallisia vaikuttajia ja monet hengellisiä opettajia tai joogeja. Tunnetuimpien englanninkielisten käännösten joukossa jotkut ovat nauttineet enemmän runollisista käännöksistä (kuten esimerkiksi Sir Edwin Arnoldin laitos); toiset versiot ovat huomattavia sanskritin terminologian sanatarkan esittelyn ja lingvististen analyysien tähden.

Paramahansa Yoganandan alkuperäiskäännös erottuu joukosta siksi, että ensimmäistä kertaa englanninkielisen version laatija ymmärsi sanskritinkielisiin säkeisiin piilotettua syvällistä sisäistä symboliikkaa – symboliikkaa, joka oikein tulkittuna paljastaa aiemmin tuntemattomia syvyyksiä Gitasta kaikenkattavana oppaana joogan tieteeseen sekä hengellisen elämän taiteeseen aineellisessa maailmassa.

Sen omien sanojen mukaan Gita on "joogan pyhä kirjoitus ja Jumal-oivalluksen tiede" (*brahmavidyāyām yogaśāstre*). Yoganandan käännös täyttää tämän lupauksen oivallisesti sekä paljastaa Gitan yhdenmukaisuuden joogan toisen muinaisen mestariteoksen, Patanjalin *Joogasutrien*, kanssa.

Yogananda toteaa Bhagavad Gitassa kuvatusta taistelukohtauksesta, että se on allegoria ihmisen sisäisestä konfliktista, jonka vastavoimina ovat aineelliset vaistot ja sisäsyntyinen kaipuu saavuttaa Jumalallisen ykseyden autuas, hengellinen tietoisuus. "Tämän analogian tueksi", hän kirjoittaa, "teoksessa osoitetaan täsmällinen vastaavuus Patanjalin *Joogasutrissa* kuvaamien ihmisen aineellisten ja hengellisten ominaisuuksien ja Gitassa kuvattujen taistelun osapuolten välillä."

Päähenkilöiden sanskritinkielisten nimien kätketyn symboliikan lisäksi avain joogan monien hengellisten termien ja käsitteiden oivaltamiseen piilee alkukielisten säkeiden epäsuorissa merkityksissä. Gitan viisautta jälkipolville levittäneet viisaat sekä heidän opetuslapsensa ymmärsivät automaattisesti näiden merkityksen, vaikka niitä ei suorasanaisesti mainittukaan säkeissä. Varmistaakseen, että nykypäivän lukija ymmärtää täydellisesti ja tarkasti muinaisia sanskritinkielisiä säkeitä, Paramahansa Yogananda lisäsi näitä epäsuoria merkityksiä käännökseensä ja kommentaariinsa.

Jotta kääntäjä pystyy ilmaisemaan käännöksessä täydellisesti Gitan kirjoittajan tarkoituksen, varmasti hänen on täytynyt oivaltaa ja kokea henkilökohtaisesti Gitassa kerrotut syvälliset totuudet ja hengellisen tietoisuuden korkeammat asteet. Hengellisen klassikkoteoksen *Joogin omaelämäkerta* kirjoittaja ja oikeutetusti "joogan isäksi länsimaissa" ylistetty Paramahansa Yogananda oli ainutlaatuisen pätevä pureutumaan Gitan syvimpiin merkityksiin. Hänet tunnustettiin maailmanlaajuisesti korkeimman asteen Jumal-tuntijaksi, mutta lisäksi hänet oli valittu edustamaan kuulua valaistuneiden mestarien jatkumoa, johon kuuluivat hänen oma gurunsa Swami Sri Yukteswar (1855–1936), tämän guru Banarasin Lahiri Mahasaya (1828–1895) ja jatkumon ylimmäinen guru Mahavatar Babaji. Intian ajattoman hengellisen perinteen modernilla renessanssilla on ollut syvällinen vaikutus koko maailman väestöön ja näillä neljällä mestarilla on ollut siinä oleellinen rooli, sillä he elvyttivät joogan ylimmät meditointitekniikat nykyihmisten käyttöön. Nämä tekniikat tunnettiin ja niitä opetettiin Intian muinaisissa hengellisissä sivilisaatioissa, mutta ne katosivat ihmiskunnalta laajalti vuosisatojen ajaksi pimeällä aikakaudella. Paramahansaji kirjoitti:

> "Guruni ja *paramguruni* – Swami Sri Yukteswar, Lahiri Mahasaya ja Mahavatar Babaji – ovat tämän nykyajan *rishejä*, mestareita, jotka ovat itsessään Jumalan oivaltaneita eläviä pyhiä kirjoituksia. He ovat testamentanneet maailmalle – *kriya*-joogan[1] kauan kadoksissa olleen tieteellisen

---

1 "*Kriya* on muinainen tiede", Yogananda kirjoitti *Joogin omaelämäkerrassa*, "Lahiri Mahasaya sai sen suurelta gurultaan Babajilta, joka löysi pimeällä keskiajalla kadonneen tekniikan uudelleen ja selkeytti sitä. Babaji nimesi sen uudelleen yksinkertaisesti *kriya*-joogaksi."

tekniikan lisäksi – uuden ilmestyksen pyhästä Bhagavad Gitasta, joka on oleellinen ennen kaikkea joogatieteelle ja erityisesti *kriya*-joogalle."

Nämä suuret mestarit antoivat Paramahansa Yoganandalle luottamustehtävän opettaa Gitan sisintä viisautta ja joogan syvintä olemusta koko maailmalle. Hänen gurunsa, Swami Sri Yukteswar, sanoi hänelle: "Havaitset Bhagavad Gitan koko totuuden – – Mene ja kerro tuosta paljastuneesta totuudesta ja omista tulkinnoistasi: uusi pyhä kirjoitus tulee syntymään."[2]

Mitä jooga todellisuudessa on?

Vaikka moni pitää joogaa ainoastaan fyysisinä harjoituksina – *asanat* eli asennot, jotka ovat saavuttaneet laajaa suosiota viime vuosikymmeninä – ne ovat todellisuudessa vain pinnallisin osa tästä syvällisestä tieteestä, joka kertoo kuinka paljastaa ihmismielen ja -sielun rajaton potentiaali.

Sana *"jooga"* merkitsee "yhteyttä": yksittäisen tietoisuuden eli sielun yhteyttä Universaaliin Tietoisuuteen eli Henkeen. Tuota päämäärää kohti johtaa erilaisia joogapolkuja, joista jokainen muodostaa erikoistuneen haaran yksittäisenä kattavana järjestelmänä:

Hatha-jooga – Fyysisten asentojen eli *asanoiden* järjestelmä, jonka korkeampi päämäärä on puhdistaa keho, mikä antaa ihmiselle tietoisuuden ja hallinnan sen sisäisistä tiloista, ja tekee siitä meditointiin soveltuvan.

Karma-jooga – Epäitsekäs muiden palveleminen osana suurempaa Itseä ja kiintymättä tekojen tuloksiin. Kaikkien tekojen suorittaminen tiedostaen Jumala ainoaksi Tekijäksi.

Mantra-jooga – Tietoisuuden keskittäminen sisäisesti *japan* avulla eli toistamalla tiettyjä universaaleja kantasanaääntesiä, joista jokainen edustaa Hengen tiettyä puolta.

Bhakti-jooga – Täydellisesti antautuva omistautuminen, jonka avulla pyritään näkemään ja rakastamaan jumalallisuutta jokaisessa olennossa ja kaikessa. Näin pystytään ylläpitämään loputonta palvontaa.

"*Kriya*-jooga, jonka annan maailmalle sinun kauttasi nyt 1800-luvulla", Babaji kertoi Lahiri Mahasayalle, "on sama tiede elvytettynä, jonka Krishna antoi tuhansia vuosia sitten Arjunalle ja jonka tiesivät myöhemmin Patanjali ja Kristus, pyhä Johannes ja pyhä Paavali sekä muut opetuslapset." *Kriya*-joogaa opetetaan Self-Realization Fellowshipin Lessons -opetuskirjeillä oppilaille, jotka täyttävät tietyt edellytykset, jotka koostuvat alustavista hengellisistä käytännöistä. Ks. s. 169.

2 Paramahansa Yoganandan kattava teos Gitasta on nimeltään *God Talks With Arjuna: The Bhagavad Gita – Royal Science of God-Realization* (kaksiosainen laitos, julkisija Self-Realization Fellowship, Los Angeles).

Jnana-jooga (lausutaan "Gyana jooga") – Viisauden polku, jossa painotetaan arvostelukykyisen järjen käyttämistä hengellisen vapautumisen keinona.

Raja-jooga – Kuninkaallinen eli korkein joogapolku, jonka intialainen tietäjä Patanjali systematisoi toisella vuosisadalla eKr. ja jossa yhdistyvät kaikkien muiden polkujen oleelliset osat.

Raja-jooga-systeemin ytimessä on, tasapainottaen ja yhdistäen nämä moninaiset lähestymistavat, täsmällisten tieteellisten meditointimetodien harjoittaminen – kuten kriya-joogan. Nämä metodit mahdollistavat jo ensimmäisten yritysten jälkeen pilkahdusten havaitsemisen lopullisesta päämäärästä eli tietoisesta yhteydestä loppumattoman autuaan Hengen kanssa.

Bhagavad Gita näyttää, miten jokainen erillinen polku edistää pääsemistä lopulliseen tavoitteeseen: yhteyteen Jumalan kanssa.[3] Karma-jooga, bhakti-jooga ja jnana-jooga (Sankhya) ovat jokainen aiheena yhdessä Gitan kahdeksastatoista luvusta ja niihin viitataan myös muissa luvuissa kautta teoksen. (Esimerkiksi jnana-jooga, arvostelukykyisen viisauden polku, on sisäänrakennettu koko tarinaan sikäli, että kirjan sankarit – pandavat – symboloivat arvostelukyvyn valaistuneita voimia, jotka sielun pitää herättää saavuttaakseen vapautumisen.) Myös muut edellä mainitut pääasialliset joogapolut sisältyvät Gitan kattaviin opetuksiin, ja Paramahansajin kommentaari valaisee niitä.

Koska Gita yhdistää erilliset lähestymistavat yhdeksi tasapainoiseksi ja kattavaksi poluksi, joka johtaa ylimpään hengelliseen tietoisuuteen, sitä voidaan syystä pitää vertaansa vailla olevana pyhänä kirjoituksena raja-joogasta: "Jumal-oivalluksen kuninkaallinen tiede," kuten Paramahansa Yogananda nimesi alaotsikon hänen kaksiosaisessa kommentaarissaan *God Talks With Arjuna*. Kyseisessä teoksessa Gitan jokaista säettä seuraa syvällinen selitys sen hengellisestä merkityksestä ja käytännöllisestä soveltamisesta arkielämään. Käsillä olevassa kirjassa hänen käännöksensä julkaistaan ensimmäisen kerran yhtenä peräkkäisenä kokonaisuutena ilman välikommentteja.

Tähän kirjaan liitetyt katkelmat Paramahansajin kattavasta kommentaarista keskittyvät Gitassa esitetyn vuoropuhelun alkuun. Näin näemme välähdyksen hengellisestä symbolismista, jota kahden sotivan armeijan avainhahmot

---

3 Myös Jeesus tunsi ja opetti samaa Jumal-oivalluksen universaalia tiedettä ja samoja hengellisiä elämänohjeita. Tämä osoitetaan käsillä olevan kirjan rinnakkaisteoksessa *The Yoga of Jesus: Understanding the Hidden Teachings of the Gospels*. Teos sisältää otteita Paramahansa Yoganandan arvostetusta kaksiosaisesta Jeesuksen alkuperäisiä opetuksia käsittelevästä teoksesta *The Second Coming of Christ: The Resurrection of the Christ Within You*.

edustavat.[4] Tätä alustavaa selitysosaa seuraa (toisen osan) 700 Gitan säettä keskeytyksettömästi. Kun lukija pitää mielessään ensimmäisessä osassa selitetyt allegorisen tulkinnan avaimet, hän voi helposti ymmärtää Herra Krishnan Gitan kahdeksassatoista luvussa välittämiä merkityksiä: Krishna pyrkii herättämään opetuslapsessaan Arjunassa (ja jokaisessa hengellisessä etsijässä) halun syrjäyttää kehoon sidotun egon vallankaappausta yrittävät psykologiset voimat ja materiaalisen tietämättömyyden ja löytää uudelleen ikuinen hengellinen identiteetti, ykseys Hengen kanssa.

Tämän kirjan kaltainen lyhyt teos voi tarjota ainoastaan johdannonomaisen välähdyksen Gitan syvällisistä ja innoittavista totuuksista, jotka sisältyvät sen ytimekkääseen tekstiin. Jokaisen säkeen salat paljastetaan kokonaisuudessaan Paramahansa Yoganandan syvällisessä kaksiosaisessa *God Talks With Arjuna* -kommentaarissa. Lukijoiden, jotka haluavat ymmärtää Gitan ajattoman viisauden soveltamista käytännössä parhaalla mahdollisella tavalla, kannattaa kääntyä tuon laajemman teoksen puoleen.

"Teos on todellinen hengellisen elämän ensyklopedia", kirjoitti merkittävä joogaoppinut tri. David Frawley. "Yoganandan tunnetuin teos on *Joogin omaelämäkerta*, mutta hänen Gita-tulkintansa on aivan yhtä vaikuttava ja merkittävä. Mitä Omaelämäkerta tekee ihmiskokemuksen alueella, *God Talks With Arjuna* saavuttaa saman kokonaisvaltaisena oppikirjana hengelliseen elämään – –

"Gita-tulkinnassaan Yogananda näyttäytyy korkeimman asteen viisaana ja hengellisenä tiedemiehenä, joogan avatarina tulevan maailman sivilisaatioita varten. Hänen töidensä merkitys tulee epäilemättä säilymään halki aikakausien."

–Self-Realization Fellowship[5]

---

4 Huomattakoon, että tässä teoksessa julkaistujen tietolaatikoiden ja alaviitteiden tekstit ovat peräisin Paramahansa Yoganandan laajasta kommentaarista *God Talks With Arjuna* -kirjassa, ellei toisin mainita.

5 Kirjaimellisesti 'Itse-oivalluksen yhteisö'. Paramahansa Yogananda on selittänyt, että nimi "Self-Realization Fellowship" merkitsee yhteyttä Jumalan kanssa Itse-oivalluksen avulla sekä ystävyyttä kaikkien totuutta etsivien sielujen kanssa. Katso myös "Self-Realization Fellowshipin päämäärät ja ihanteet".

AVAIMET
GITAN
VIISAUTEEN

Bhagavan Krishna ja hänen opetuslapsensa Arjuna Kurukshetran taistelukentällä.

Johdanto "Hengen Lauluun"

B hagavad Gita on Intian rakastetuin pyhä kirjoitus, kaikkien pyhien kirjoitusten huipentuma. Se on hindujen Pyhä Testamentti tai Raamattu, kirja, johon kaikki mestarit nojautuvat pyhien kirjoitusten ylimpänä auktoriteettina. *Bhagavad Gita* merkitsee "Hengen Laulua", jumalallista yhteyttä totuuden oivaltaneen ihmisen ja hänen Luojansa välillä, sielun vastaanottamia Hengen opetuksia, joita pitää laulaa lakkaamatta…

Kosmoksen kaikki tieto on pakattu Bhagavad Gitaan. Se on äärimmäisen syvällinen mutta siitä huolimatta esitetty profeetallisella, lohdullisen kauniilla ja yksinkertaisella kielellä, joten kirjoituskokoelmaa on tulkittu ja sovellettu erilaisilla inhimillisten ja hengellisten pyrkimysten tasoilla. Kirjoitukset kattavat ihmisolentojen laajan kirjon ja vastaavat heidän erilaisiin luonteisiinsa ja tarpeisiinsa. Missä ihminen onkin matkallaan takaisin Jumalan luo, Bhagavad Gita luo valoaan juuri matkan sille osuudelle.

Viisauksia muinaiselta korkeamman sivilisaation ajalta

Intian kirjallisuudessa on säilynyt kertomuksia pitkälle edistyneen sivilisaation ajalta eli loistokkaalta kulta-ajalta. Aina muinaisuuden hämäristä kummunneista Veda-kirjoista lähtien niitä seuranneisiin yleviin runoihin ja proosaan hindut ovat jättäneet jälkensä sivilisaatioihin kivimonoliittien ja ajan mittaan sortuvien rakennusten sijasta koristeellisten tekstien arkkitehtuuriin, joka on rakennettu sulokkaasta sanskritin kielestä. Bhagavad Gitan rakenne itsessään – sen retoriikka, alkusoinnut, sanankäyttö, tyyli ja harmonia – osoittaa, että Intiassa on jo kauan sitten ohitettu materialismin ja älyllisen kasvun aika ja siirrytty ylevän hengellisyyden korkeimmille huipuille.

❖ ❖ ❖

Säkeet löytyvät 18-osaisen *Mahabharata*-kirjasarjan kuudennesta osasta. Ikivanha eeppinen runoelma – kenties maailmankirjallisuuden pisin runo – kertoo kuningas Bharatan jälkeläisserkusten, pandavien ja kauravien, kuningaskuntaa koskevasta kiistasta, joka johti Kurukshetrassa käytyyn tuhoisaan sotaan. Bhagavad Gita on pyhä vuoropuhelu joogasta Bhagavan Krishnan – joka oli samanaikaisesti sekä maallinen kuningas että jumalallinen inkarnaatio – ja hänen merkittävimmän opetuslapsensa, pandavaprinssi Arjunan välillä, ja se käytiin tarinan mukaan tuon hirvittävän taistelun aattona.

Intian ajaton viisaus

Hindujen pyhien kirjoitusten todistuksen mukaan Intian sivilisaatiot ulottuvat paljon kauemmas menneisyyteen kuin nykyiset länsimaalaiset historioitsijat myöntävät. Teoksessaan *The Holy Science* (Los Angeles; Self-Realization Fellowship) Swami Sri Yukteswar laski, että kulta-aika, jolloin Intian hengellinen ja aineellinen sivistys saavuttivat lakipisteensä, päättyi noin 6 700 eaa. kukoistettuaan useita tuhansia vuosia ennen sitä. Intian pyhissä kirjoituksissa luetellaan lukuisia kuninkaiden ja viisaiden sukupolvia, jotka elivät ennen *Mahabharatassa* kuvailtuja tapahtumia. Krishna kuvailee Bhagavad Gitassa Intian hengellisen kulttuurin kulta-ajasta omaan aikakauteensa kestänyttä pitkää laskusuhdannetta, jonka aikana joogaa koskeva tieto vähitellen katosi. ”Suurin osa antropologeista uskoo, että 10 000 vuotta sitten ihmiskunta eli barbaarista kivikautta, ja tyrmää suoralta kädeltä Lemurian, Atlantiksen, Intian, Kiinan, Japanin, Egyptin, Meksikon ja monien muiden maiden muinaisista sivilisaatioista laajalle levinneet perimätiedot pelkkinä 'myytteinä'”, Paramahansa Yogananda kirjoittaa teoksessaan *Joogin omaelämäkerta*. Viimeaikaisten tieteellisten tutkimusten valossa näyttää kuitenkin siltä, että totuutta muinaisten kronologioiden taustalla pitäisi arvioida uudelleen. (Kustantajan huomautus.)

Mahabharatan – Bhagavad Gita mukaan lukien – kirjoittajana on perinteisesti pidetty valaistunutta viisasta nimeltä Vyasa, jonka elinaikaa ei tiedetä tarkasti – – Perimätiedossa Vyasa mainitaan useiden kirjallisten teosten laatijaksi. Merkittävimpinä näistä hänen sanotaan järjestäneen neljä Veda-kirjaa, joista juontaa hänestä toisinaan käytetty nimitys Vedavyasa. Lisäksi hän kokosi *Puranat* eli pyhät kirjat, joissa kuvaillaan Veda-tietoutta Intian muinaisista avatareista, pyhimyksistä, viisaista, kuninkaista ja sankareista kertovien historiallisten ja legendaaristen tarinoiden avulla. Viimein hänen sanottiin kirjoittaneen eeppisen *Mahabharatan* elämänsä loppuvaiheiden aikana, jolloin hän teki tarinan mukaan töitä tauotta kaksi ja puoli vuotta vetäytyneenä eristyksiin Himalajalle.

Gitan joogasymbolismin salaisuuksien paljastaminen

Muinaisissa pyhissä kirjoituksissa ei tehdä selkeää pesäeroa historian ja symbolismin välillä, vaan pikemminkin nuo kaksi sekoittuvat toisiinsa ilmestyskirjoitusten perinteen mukaisesti. Profeetat valitsivat arkielämän ja oman aikansa tapahtumia ja ammensivat niistä vertauksia ilmaistakseen hienovaraisia hengellisiä totuuksia. Tavallinen ihminen ei olisi pystynyt käsittämään jumalallisia syvällisyyksiä, ellei niitä olisi määritelty kansanomaisin termein. Kun pyhiä kirjoituksia laatineet profeetat käyttivät vaikeaselkoisempia vertauksia ja allegorioita, kuten usein tapahtuikin, se johtui pyrkimyksestä salata tietämättömiltä ja hengellisesti valmistautumattomilta mieliltä Hengen syvällisimmät paljastukset. Niinpä viisas Vyasa kirjoitti Bhagavad Gitan käyttäen nerokkaasti kielikuvia, vertauksia ja allegorioita ja kutoen historiallisia tosiasioita psykologisiin ja hengellisiin totuuksiin. Näin hän maalasi sanoilla kuvan myrskyisästä taistelusta, jota sekä aineellisen että hengellisen ihmisen on käytävä. Hän kätki syvällisimmät hengelliset merkitykset symboliikan kovan kuoren sisään suojellakseen niitä tietämättömyyden hävikseltä pimeällä aikakaudella, johon sivilisaatiot olivat luisumassa Sri Krishnan silloisen inkarnaation päättymisen myötä.

Historian tosiseikat huomioiden on sangen epätodennäköistä, että *Mahabharatassa* kuvatun kauhistuttavan sodan kynnyksellä Krishna ja Arjuna olisivat ajaneet Kurukshetrassa vaunuillaan avoimelle tantereelle kahden armeijan väliin ja uppoutuneet pitkälliseen keskusteluun joogasta. Vaikka monet *Mahabharatan* merkittävimmistä tapahtumista ja päähenkilöistä perustuvat historiallisille tosiseikoille, niitä on muokattu runoelmaan sopivalla ja merkitystä tuottavalla tavalla (ja ne on tiivistetty upeasti Bhagavad Gitan osuudessa), sillä kirjoitusten pääasiallinen tarkoitus oli levittää Intian *Sanatana Dharman*, Ikuisen Uskonnon, ydinsanomaa.

Pyhää kirjoitusta tulkitessa ei tämän vuoksi voida sivuuttaa tosiasioita ja historiallisia tapahtumia, joihin totuus kiedottiin. Tulkitsijan täytyy erottaa tavanomainen moraalisen opin kuvaus ja hengellisen ilmiön kuvaus, jolla on syvempi esoteerinen merkitys. Pitää tunnistaa merkit siitä, miten aineelliset

esimerkit sulautuvat hengellisiin ohjenuoriin pyrkimättä kuitenkaan uutta-
maan salattuja merkityksiä sieltäkin, missä niitä ei ole. Pitää tunnistaa intui-
tiivisesti vihjaukset ja näin tuoda ilmi tekijän julistukset, eikä milloinkaan saa
hakea merkityksiä sieltä, missä niitä ei ole; vaarana on joutua yli-innokkuuden
ja mielikuvituksen uhrina näkemään hengellisiä merkityksiä jokaisessa sanas-
sa tai lausunnossa.

Aito tapa ymmärtää pyhiä kirjoituksia on intuitiivinen, jolloin virittäydy-
tään totuuden sisäisen oivaltamisen taajuudelle – – Jumalan oivaltaneen gurun
avulla ihminen oppii käyttämään intuitiivisen havainnon pähkinänsärkijää
avatakseen kielen ja monimerkityksisyyden kovan kuoren ja poimimaan to-
tuudensiemenet pyhien kirjoitusten sanonnoista.

Guruni, Swami Sri Yukteswar, ei antanut minun koskaan lukea säkeistöä-
kään Bhagavad Gitasta (tai Intian suurimman jooga-asiantuntijan Patanjalin
aforismeista) pelkästään teoreettisen mielenkiinnon pohjalta. Mestari laittoi
minut meditoimaan kirjoitusten totuuksia, kunnes muutuin yhdeksi niiden
kanssa; vasta sitten hän keskusteli kanssani niistä – – Tällä tavoin Mestari an-
toi minulle hänen kanssaan viettämieni arvokkaiden vuosien aikana avaimen,
jonka avulla selvitin kirjoitusten mysteerit.

❖ ❖ ❖

Mahabharatan tarina alkaa kolme sukupolvea ennen Krishnan ja Arjunan
aikaa, kuningas Shantanun valtakaudella...

Shantanusta alkanut kurujen ja pandujen polveutuminen on tarkasti
analoginen sen kanssa, miten maailmankaikkeus ja ihminen laskeutuvat vai-
heittain Hengestä aineeksi. Bhagavad Gitan dialogissa käydään läpi prosessia,
jonka seurauksena mainitun laskeutumisen suunta voidaan kääntää. Näin ih-
minen pystyy nousemaan kuolevaisen olennon rajallisesta tietoisuudesta to-
dellisen Itsensä, sielunsa, kuolemattomaan tietoisuuteen ja tulemaan yhdeksi
äärettömän Hengen kanssa.

Sukupuusta on esitetty hahmotelma [*God Talks with Arjuna*] ja sen ohessa
on selitetty eri hahmojen hengellinen merkitys sellaisina kuin Lahiri Mahasaya
ne välitti. Niiden esoteerinen merkitys ei ole sattumanvarainen. Sanojen ja ni-
mien sisintä merkitystä selitettäessä tärkeintä on etsiä niiden alkuperäismer-
kitystä sanskritin kielestä. Tapahtuu suuria virheitä, ellei tulkitsijalla ole intui-
tiivista kykyä löytää oikeaa kantasanaa ja päätellä sen avulla oikeaa merkitystä

ottaen huomioon sanan alkuperäisen käyttötavan sen syntyaikana. Kun perusta on määritelty oikein, voidaan lisäksi erottaa muita, erilaisista lähteistä peräisin olevia merkityksiä sen pohjalta, mitä sanat ovat yleisesti tarkoittaneet ja miten niitä on käytetty muodostamaan päteviä ja vakuuttavia ajatuksia.

On huomionarvoista, miten tämän suuren Bhagavad Gitan kirjoittaja on pystynyt antamaan jokaiselle psykologiselle taipumukselle tai ominaisuudelle sekä monille metafyysisille periaatteille sopivan nimen. Miten kaunis jokainen sana onkaan! Jokainen niistä kasvaa sanskritin juurestaan! Vaatisi sivutolkulla tekstiä, jotta voitaisiin paneutua perinpohjaisesti metaforien alla piileviin sanskritin merkityksiin – –

Sovellettuaan avainta huolellisesti muutamiin ensimmäisen luvun säkeisiin lukijalle selviää, että taistelun historiallista taustaa ja osapuolia on käytetty kuvaamaan hengellistä ja psykologista kamppailua, jota käydään sielun kanssa sopusoinnussa olevan puhtaan arvostelukykyisen älyn ja egon harhaan johtaman sokean ja aisteihin ihastuneen mielen välillä. Tämän analogian tueksi esitetään täsmällinen vastaavuus Patanjalin *Joogasutrissa* kuvattujen ihmisen aineellisten ja hengellisten ominaisuuksien ja Bhagavad Gitassa kuvattujen taistelun osapuolien välillä: pandujen klaani edustaa Puhdasta Älyä, kun taas sokea kuningas Dhritarashtra edustaa Sokeaa Mieltä pahoine aisteihin suuntautuvine jälkeläisineen [kauravat eli kurut].

❖ ❖ ❖

Nämä aistibolshevikit – sokean aistimielen jälkeläiset – ovat aiheuttaneet ainoastaan sairauksia, mielen häiriöitä sekä tietämättömyyden vitsauksen ja hengellisen nälänhädän, mikä johtuu viisauden näivettymisestä ruumiillisessa valtakunnassa.

Havahtuneen sielun voiman ja meditaatiossa kehittyneen itsehillinnän pitää valloittaa tuo valtakunta ja pystyttää sinne Hengen lippu, jonka alla syntyy rauhallisuuden, viisauden, yltäkylläisyyden ja terveyden loistava hallinto.

Bhagavan Krishna, Joogan Herra: Gitan jumalallinen opettaja

Bhagavad Gitan keskeinen hahmo on tietenkin Bhagavan Krishna. Historiallinen Krishna on kääriytynyt pyhien kirjoitusten metaforien ja mytologian mystiseen verhoon. Samankaltaisuudet "Krishnan" ja "Kristuksen" titteleissä, tarinoissa ihmesyntymästä ja varhaisvaiheiden yhtäläisyyksissä saivat jotkut analyyttiset mielet ehdottamaan, että kyseessä oli itse asiassa yksi ja sama henkilö. Ajatus voidaan hylätä tyystin jo henkilöiden synnyinmaista löytyneiden vähäistenkin historiallisten todisteiden valossa. Siitä huolimatta muutamia samankaltaisuuksia on olemassa. Molemmat syntyivät neitseestä ja heidän syntymänsä ja jumalallinen tehtävänsä ennustettiin. Jeesus syntyi tallin seimeen, Krishna puolestaan tyrmään (missä hänen vanhempansa, Vasudeva ja Devaki, viruivat Devakin ilkeän, isänsä kruunun anastaneen Kansa-veljen vankeina). Sekä Jeesus että Krishna kuljetettiin onnistuneesti turvaan, vaikka oli annettu määräys, että kaikki vastasyntyneet poikalapset piti tappaa. Jeesuksesta käytettiin nimitystä "hyvä paimen"; Krishna toimi nuorena lehmipaimenena. Saatana houkutteli ja uhkaili Jeesusta; pahuuden voimat jahtasivat Krishnaa demonisissa hahmoissa ja yrittivät murhata hänet, mutta turhaan.

"Kristuksen" ja "Krishnan" arvonimillä on sama hengellinen merkitys: Jeesus Kristus ja Yadava Krishna (Yadava on Krishnan sukunimi ja on merkkinä hänen polveutumisestaan Yaduista, Vrishni-dynastian edeltäjistä). Arvonimet merkitsevät tietoisuuden tilaa, jota nämä kaksi valaistunutta ilmensivät; heidän inkarnoitunutta ykseyttään luomakunnassa kaikkialla läsnä olevan Jumal-tietoisuuden kanssa. Universaali Kristus-tietoisuus tai *Kutastha Chaitanya*, Universaali Krishna-tietoisuus, on "ainoa poika" tai ainoa vääristymätön heijastuma Jumalasta, joka täyttää jokaisen atomin ja ilmenevän maailmankaikkeuden jokaisen pisteen. Täysimittainen Jumalan tietoisuus ilmenee niissä, jotka ovat oivaltaneet täydellisesti Kristus- eli Krishna-tietoisuuden. Koska heidän tietoisuutensa on universaalia, heidän valonsa loistaa kaikkialle maailmaan.

Siddha on täydellinen olento, joka on saavuttanut täydellisen vapauden Hengessä; hänestä tulee *paramukta*, "ylittämättömän vapaa", jolloin hän voi palata maan päälle *avatarana* – niin kuin on tapahtunut Krishnan, Jeesuksen ja monen muun ihmiskunnan pelastajan kohdalla kautta aikojen.[1] Aina kun hyveet alkavat jäädä tappiolle, Jumalan valaisema sielu laskeutuu maan päälle nostaakseen ne taas etualalle (Bhagavad Gita IV:7–8). Avatar eli jumalallinen inkarnaatio on maan päällä kahdesta syystä: määrällisestä ja laadullisesta. Määrällinen tarkoitus on ylevöittää tavallisen kansan mieltä jaloilla opetuksilla hyvän taistelusta pahaa vastaan. Avatarin pääasiallinen tehtävä on kuitenkin laadullinen – luoda

---

1 Sanskritin sana *avatara* merkitsee "laskeutumista"; sen juuret ovat sanoissa *ava* eli alas ja *tri* eli kulkeutua, siirtyä, mennä. Hindujen pyhissä kirjoituksissa *avatara* merkitsee Jumaluuden laskeutumista lihalliseen olomuotoon.

toisia Jumalan oivaltaneita sieluja ja auttaa mahdollisimman monia saavutta-
maan vapautuminen. Jälkimmäinen on äärimmäisen henkilökohtainen ja yk-
sityinen hengellinen side, joka muodostuu gurun ja opetuslapsen välille; ope-
tuslapsen uskollisen, hengellisen pyrkimyksen ja gurun suomien jumalallisten
siunausten liitto. Oppilaat ovat niitä, joille suodaan vain vähäinen siivu totuuden
valoa. Opetuslapset sen sijaan ovat niitä, jotka noudattavat gurun esimerkkiä
täydellisesti ja vakaasti omistautuneina ja antaumuksellisina, kunnes he saavut-
tavat oman vapautensa Jumalassa. Bhagavad Gitan henkilöhahmoista Arjuna

Voiko Itse Jumala inkarnoitua ihmisolennoksi?

Jos sanotaan, että Jumala ei *voi* tehdä jotain, se on Hänen rajoittamis-
taan. On kuitenkin olemassa niin monta asiaa, jotka Jumala voisi tehdä,
muttei tee – ei ainakaan niin kuin ihmiset Häneltä odottavat. Jumalan ei
tiedetä milloinkaan ottaneen ihmishahmoa nimeltä "Jumala" eikä asusta-
neen ihmisten keskuudessa. ("Miksi kutsut minua hyväksi? On ainoastaan
yksi, joka on hyvä ja se on Jumala", Jeesus sanoi tehdäkseen selväksi eron it-
sensä eli avatarin ja Isä Jumalan, Absoluutin, Muodottoman, välillä.) Herra
on kuitenkin laskeutunut monesti ilmestymään täydellisesti vapautuneen
olennon inkarnaation välityksellä; tällainen inkarnaatio on aikoinaan ollut
tavallinen ihminen, josta on tullut aito ilmentymä tai "Jumalan poika". Ju-
mala, joka on kaikkivaltias ja voi tehdä mitä vain, käyttää siis Kaikkitietä-
vyyttään avatarin ihmishahmon välityksellä. Aivan kuten Kosmisen Tietoi-
suuden valtameri on tietoinen pinnallaan ilmenevästä sieluaallosta, avatarin
sieluaalto on tietoinen Kosmisen Tietoisuuden valtamerestä, joka ilmenee
avatarin hahmossa.

❖ ❖ ❖

*[Edellä mainittu täytyisi pitää mielessä, kun luemme Bhagavad Gitan lu-
kuisia säkeitä, joissa Herra Krishna viittaa itseensä Ylimmäisenä Olemuk-
sena, kuten seuraavassa:]*
"Sillä minä olen Äärettömän, Kuolemattoman, Tuhoutumattoman sekä
ikuisen Dharman ja laimentumattoman Autuuden perusta." Krishna puhuu
Pratyagatmana, sieluna tai ihmisen tosiolemuksena, joka on identtinen Ju-
malan kanssa: Henkenä tai Absoluuttina. Krishnan sanat: "Olen Ääretto-
män perusta" muistuttavat jumalaisessa piirissä Jeesuksen sanoja: "ennen
kuin Aabraham syntyi, olen minä ollut." Krishna ja Kristus puhuivat Itse-oi-
valluksen syvyyksistä käsin tietäen, että "Minä ja Isä olemme yhtä."

symboloi ihanteellista seuraajaa, täydellistä opetuslasta.

Kun Sri Krishna inkarnoitui maan päälle, Arjuna, joka oli edellisessä elämässään suuri tietäjä, syntyi myös uudelleen ryhtyäkseen Krishnan kumppaniksi. Suuret tuovat aina mukanaan hengellisiä kumppaneita edellisistä elämistä avustamaan heitä uudessa tehtävässä. Krishnan isä oli Arjunan äidin veli, joten Krishna ja Arjuna olivat serkuksia – verisukulaisia, mutta heitä sitoi yhteen vielä voimakkaampi hengellinen yhteys.

Sri Krishna varttui Gokulan maalaismaisemissa ja läheisen Brindabanin tienoilla Yamunajoen varrella, jonne hänen isänsä Vasudeva oli vienyt hänet salaa heti pojan synnyttyä Devaki-äidille Mathuran vankilassa. (Lukitut ovet olivat kuin ihmeen kautta auenneet ja vartijat vaipuneet syvään horrokseen, minkä vuoksi vastasyntynyt oli päästy kuljettamaan kasvatuskotiinsa.) Kasvattivanhempina toimivat ystävällinen lehmipaimen Nanda ja tämän rakastava Yasoda-vaimo. Brindabanissa viettämänsä lapsuuden aikana Krishna hämmästytti kaikki varhaiskypsällä viisaudellaan ja esittelemällä uskomattomia voimiaan. Hänen sisäinen riemunsa pulppuili tämän tästä esiin kepposteluna – pilojen kohteiden huvitukseksi, mutta toisinaan myös tyrmistykseksi.

Eräs sellainen tapaus koski kertaa, jolloin Yasodalle paljastettiin hänen kasvattilapsensa jumalallinen alkuperä. Pikkuvauvana Krishna nappasi hanakasti karjakkojen valmistaman juuston ja söi sen. Kerran Krishna tunki poskensa niin täyteen juustoa, että Yasoda pelkäsi hänen tukehtuvan ja avasi väkisin lapsen täpötäyden suun. Juuston sijasta (joidenkin versioiden mukaan poika oli syönyt mutaa) Yasoda näkikin pojan suussa koko maailmankaikkeuden – Luojan äärettömän kehon (*vishvarupa*) – mukaan lukien oman kuvajaisensa. Ihmetyksen valtaama nainen käänsi katseensa kosmisesta näystä ja veti onnellisena rakkaan pikkupoikansa takaisin syleilyynsä.

Nuorena poikana Krishna oli sekä keholtaan että piirteiltään kaunis, charmiltaan ja käytöstavoiltaan vastustamaton, jumalallisen rakkauden ruumiillistuma, joka tuotti iloa jokaiselle. Niinpä koko kyläyhteisö rakasti häntä, ja hän oli lapsuudenystäviensä – *gopat* ja *gopit* – keskuudessa lumoava johtaja, joka paimensi heidän kanssaan lehmiä vehmailla lähiseuduilla.

Maailma, joka on kiintynyt aisteihin ja pitää niitä ainoana ilonlähteenä, ei voi ymmärtää jumalallisen puhdasta rakkautta ja ystävyyttä, joita mikään lihallinen ilmaus tai mielihalu ei ole tahrannut. On absurdia tulkita kirjaimellisesti Sri Krishnan ja *gopien* välisiä hellyydenosoituksia. Symboliikka kertoo

Hengen ja Luonnon yhteydestä; kun ne tanssivat yhdessä, luomakunta tarjoaa jumalallisen *lilan*, näytelmän, viihdyttämään Jumalan luomia olentoja. Sri Krishna kutsuu taivaallisen huilunsa kiehtovilla melodioilla kaikkia opetuslapsia *samadhi*-meditaation jumalallisen ykseyden lehtimajaan, jossa he voivat paistatella Jumalan autuaan rakkauden valossa.

Vaikuttaisi siltä, että Krishna oli vasta poikaiässä, kun hänen tuli aika lähteä Brindabanista täyttämään inkarnaationsa tarkoitus: auttamaan hyveellisiä hillitsemään pahuutta. Hänen ensimmäinen tekonsa – yksi monista sankarillisista ja ihmeellisistä suorituksistaan – oli ilkeän Kansan kukistaminen ja isänsä Vasudevan ja äitinsä Devakin vapauttaminen vankilasta. Sen jälkeen Vasudeva lähetti Krishnan ja tämän Balarama-veljen opiskelemaan ashramiin suuren tietäjän, Sandipanin, johdolla.

Koska Sri Krishna oli kuninkaallista syntyperää, hän täytti aikuisena kuninkaalliset velvollisuutensa osallistumalla lukuisiin sotaretkiin julmia hallitsijoita vastaan. Hän perusti oman kuningaskuntansa pääkaupungin Dwarkaan, läntisen Gujaratin osavaltion rannikolla sijaitsevalle saarelle. Suuri osa hänen elämästään kietoutui erottamattomasti pandaviin ja kauraviin, joiden pääkaupunki sijaitsi keskisessä Pohjois-Intiassa lähellä nykyistä Delhiä.[2] Krishna otti osaa moniin heimojen maallisiin ja hengellisiin edesottamuksiin liittolaisena ja neuvonantajana; poikkeuksellisen merkittävä osa hänellä oli pandujen ja kurujen välisessä Kurukshetrassa käydyssä sodassa. [Ks. seuraavan sivun tietoruutu.]

Kun Sri Krishna oli täyttänyt jumalallisesti määrätyn tehtävänsä maan päällä, hän vetäytyi metsään. Siellä hän luopui kehostaan, kun muuan metsästäjä erehtyi luulemaan niityllä lepäävää Krishnaa peuraksi ja ampui tätä kuolettavasti jousella – juuri sellainen tapahtuma oli ennustettu syyksi sille, miksi Krishna poistuisi maan päältä.

Bhagavad Gitassa huomiomme kohdistuu Sri Krishnan rooliin Arjunan guruna ja opastajana sekä ylimmäisenä opettajana, joka saarnasi joogan ylevää sanomaa maailmalle – oikeamielisen aktiivisuuden ja meditaation viitoittamaa tietä jumalalliseen yhteyteen ja pelastukseen – viisaudella, joka on kruunannut hänet seuraajien sydämissä ja mielissä kautta aikojen.

Olemme kuulleet askeesissa elävistä pyhimyksistä tai metsissä tai

---

2 Kurukshetra, Gitassa kuvattu taistelupaikka ja Herra Krishnan ja Arjunan dialogin näyttämö, sijaitsee noin 160 kilometriä Delhistä pohjoiseen ja on tänäkin päivänä arvostettu pyhiinvaelluskohde. (*Kustantajan huomautus.*)

eristyksissä asuvista profeetoista, jotka ovat luopuneet kaikesta, mutta Krishna oli yksi suurimmista jumalallisuuden ilmentäjistä, sillä hän eli ja ilmensi itseään Kristuksena ja samaan aikaan suoritti jalon kuninkaan velvollisuuksia. Hänen elämänsä ei ollut esimerkki niinkään toiminnasta luopumisesta – se olisi ristiriitainen opinkappale ihmiselle, jota rajoittaa maailma, jonka elämän ydin piilee aktiivisuudessa – vaan pikemminkin siitä, että hän luopui maallisuuteen sitovista haluista toiminnan tuloksiin.

Ilman työtä ihmiskunnan sivilisaatio olisi sairauksien, nälänhätien ja sekaannuksen viidakko. Jos kaikki maailman asukkaat jättäisivät aineellisen sivilisaation eläkseen metsissä, metsät pitäisi muuttaa kaupungeiksi, tai muuten kaikki kuolisivat puhtaanapito-ongelmien aiheuttamiin tauteihin. Toisaalta aineellinen sivilisaatio on täynnä epäkohtia ja kurjuutta. Mitä siis voidaan suositella ratkaisuksi?

Krishnan elämä on esimerkki hänen filosofiastaan, jonka mukaan ei ole

---

Krishnan rooli Kurukshetran sodassa

Viisi pandavaprinssiä ja sata kauravien jälkeläistä kasvatettiin ja koulutettiin yhdessä, ja heidän yliopettajanaan toimi Drona. Arjuna oli kaikkia muita urheampi; kukaan ei ollut hänen veroisensa. Kauravien keskuudessa alkoi viritä kateutta ja vihamielisyyttä panduja kohtaan – –

Aikanaan kurujen ja pandujen kiista valtakunnan hallitsemisesta kärjistyi. Kateuden kalvama Duryodhana kehitti ovelan juonen, johon liittyi peli peukaloiduilla arpakuutioilla. Duryodhanan ja hänen ilkeän setänsä Shakunin – joka oli taitava huijari ja petkuttaja – älykkään juonen avulla he voittivat Yudhisthiran [pandavaveljeksistä vanhin] kerta toisensa jälkeen, kunnes tämä oli hävinnyt lopulta valtakuntansa, itsensä ja veljensä sekä heidän vaimonsa Draupadin. Näin Duryodhana kähvelsi panduilta näiden valtakunnan ja lähetti heidät kahdeksitoista vuodeksi pakosalle metsiin ja elämään kolmannentoista vuoden valeasuisina niin, ettei kukaan tunnistanut heitä. Jos he selviäisivät koettelemuksista, he saisivat palata ja vaatia takaisin menettämänsä kuningaskunnan. Määräajan koittaessa hyvät pandut, jotka olivat noudattaneet maanpakonsa ehtoja, palasivat ja vaativat valtakuntaansa, mutta kurut eivät suostuneet luopumaan edes neulan kokoisesta maatilkusta.

Kun sota kävi väistämättömäksi, Arjuna pyysi pandujen puolesta ja Duryod-

tarpeen paeta aineellisen maailman velvollisuuksia. Ongelma voidaan ratkaista tuomalla Jumala sinne, minne Hän on meidät asettanut. Olipa ympäristömme mikä tahansa, missä Jumal-yhteys hallitsee mieltä, sinne Taivaan on tultava.

Rahan haaliminen ja uppoutuminen yhä syvemmälle työhön vain sille sokeasti omistautuen aiheuttaa kärsimystä. Pelkällä ulkoisella luopumisella aineellisesta hyvästä, jos siihen on vielä sisäisesti kiintynyt, ei saa aikaan muuta kuin tekopyhyyttä ja harhoja. Välttääkseen kahden ääripään – maailmasta luopumisen ja aineelliseen hukkumisen – sudenkuopat ihmisen pitää kouluttaa mieltään meditoimalla jatkuvasti, sillä sen avulla hän pystyy suorittamaan arkielämän velvollisuudet ja pysyttelemään silti sisäisesti tietoisena Jumalasta. Sellainen oli Krishnan elämällään antama esimerkki.

Sri Krishnan viesti Bhagavad Gitassa on täydellinen vastaus nykyajan ja kaikkien aikojen kysymyksiin: Velvollisuudentuntoisten tekojen, kiintymättömyyden ja meditaation jooga Jumal-oivalluksen saavuttamiseksi. Työskentely

hana kurujen puolesta Krishnan apua. Duryodhana saapui ensimmäisenä Krishnan palatsiin ja istui röyhkeästi divaanille, jolla Krishna lepäsi ja teeskenteli nukkuvansa. Sen jälkeen saapui Arjuna, joka jäi seisomaan nöyrästi kädet ristissä Krishnan jalkopäähän. Kun avatar avasi silmänsä, hän näki ensimmäiseksi Arjunan, eikä pääpuolessa istuvaa Duryodhanaa. Molemmat pyysivät Krishnaa puolelleen sodassa. Krishna lausui, että toinen osapuoli saisi käyttöönsä hänen massiivisen armeijansa ja toinen hänet itsensä henkilökohtaiseksi neuvonantajaksi, vaikka hän ei osallistuisi itse taisteluun. Arjuna sai valita ensin. Hän valitsi epäröimättä ja viisaasti Krishnan neuvonantajakseen, kun taas ahnas Duryodhana riemuitsi saadessaan armeijan käyttöönsä.

Ennen sotaa Krishna toimi neuvottelijana ja yritti sovitella kiistan rauhanomaisesti. Hän matkusti Dwarkasta kurujen pääkaupunkiin Hastinapuraan taivutellakseen Dhritarashtran, Duryodhanan ja muut kurut luovuttamaan pandaville näille kuuluvan kuningaskunnan. Edes Krishna ei kuitenkaan pystynyt hillitsemään vallan huumaamaa Duryodhanaa ja tämän seuraajia eikä saanut heitä hyväksymään oikeudenmukaista ratkaisua, joten sota julistettiin ja taistelupaikka oli Kurukshetra. Bhagavad Gitan ensimmäinen säkeistö sijoittuu kyseisen taistelun aattoon. Pandut voittivat lopulta sodan. Viisi veljestä hallitsi vanhimman veljen eli Yudhisthiran johdolla kansaa jalosti aina elämänsä loppuun, jolloin he vetäytyivät Himalajalle ja astuivat siellä taivaalliseen valtakuntaan.

ilman sisäistä Jumalan rauhaa on Manala, mutta työskentely Hänen ilonsa kupliessa koko ajan sielun lävitse, on kuin kantaisi kannettavaa paratiisia sisällään, minne ihminen meneekin.

Sri Krishnan Bhagavad Gitassa suosittama polku on kohtuullisuuden kultainen keskitie niin kiireiselle maailmalliselle ihmiselle kuin korkeimmalle hengellisen tien kulkijalle. Bhagavad Gitassa suositellun polun noudattaminen johtaa kummankin pelastukseen, sillä kirja kertoo universaalista Itse-oivalluksesta, jossa todellinen Itse, sielu, esittäytyy ihmiselle – näyttää hänelle, miten hän on kehittynyt Hengestä, miten hän voi toteuttaa oikeamieliset velvollisuutensa maan päällä ja miten hän voi palata Jumalan luo. Bhagavad Gitan viisaus ei ole tarkoitettu kuivakkojen intellektuellien henkiseksi voimisteluksi eivätkä sen sananlaskut dogmaatikkojen viihteeksi, vaan osoittamaan maailmassa elävälle miehelle tai naiselle, perheelliselle tai luopujalle, miten elää tasapainoista elämää, johon kuuluu aito yhteys Jumalaan vaihe vaiheelta eteneviä joogametodeja noudattamalla.

TOINEN LUKU

Arkielämän päivittäinen hengellinen kamppailu

O lemme peräisin Jumalasta ja lopullinen päämäärämme on palata Hänen luokseen. Tavoitetta ja keinoja sen saavuttamiseksi kutsutaan joogaksi, Jumal-yhteyden ajattomaksi tieteeksi.

❖ ❖ ❖

Bhagavad Gitan avausluku toimii alkusanoina sitä seuraavalle pyhälle ajatustenvaihdolle. Se ei kuitenkaan ainoastaan esitä alkuasetelmaa ja anna tapahtumille taustaa, joten sitä ei voi sivuuttaa kepeästi. Kun tekstiä luetaan sen kirjoittajan, viisaan Vyasan, tarkoittamalla tavalla, se esittelee joogatieteen perusperiaatteet ja kuvailee joogin hengellisen kamppailun alkukankeuksia, kun tämä lähtee taivaltamaan *kaivalyan* eli vapautumisen polkua, joka johtaa ykseyteen Jumalan kanssa eli joogan tavoitteeseen. Ensimmäisen luvun implisiittisten totuuksien ymmärtäminen merkitsee sitä, että voi lähteä joogamatkalle selkeän kartan opastamana.

Sisäisen tutkiskelun hyödyntäminen voitokkaan elämän saavuttamiseksi

Dhritarashtra sanoi:

"Kurukshetran pyhällä tasangolla (dharmakshetra kurukshetra), kun minun jälkeläiseni ja pandujen pojat olivat kokoontuneet yhteen innokkaina taistoon, mitä he tekivät, oi Sanjaya?"

Sokea kuningas Dhritarashtra (sokea mieli) kysyi rehelliseltä Sanjayalta (puolueeton sisäinen tutkiskelu): "Kun jälkeläiseni, kurut (ilkeät impulsiiviset henkiset ja aistilliset taipumukset) ja hyveellisten pandujen pojat (puhtaat, arvostelukykyiset taipumukset) kokoontuivat Kurukshetran (aktiivisuuden kehollinen kenttä) *dharmakshetralle* (pyhä tasanko) innokkaina taistelemaan ylivallasta, mikä oli lopputulos?"

❖ ❖ ❖

🪷 15 🪷

Sanjaya tarkoittaa kirjaimellisesti *täydellisen voitokasta*, "häntä, joka on kukistanut itsensä". Vain sellainen, joka ei ole itsekeskeinen, pystyy näkemään selkeästi ja olemaan puolueeton. Niinpä Sanjaya on Bhagavad Gitassa jumalallinen näkökyky; hengellistä täyttymystä tavoittelevalle Sanjaya edustaa puolueettoman intuitiivisen itseanalyysin voimaa, arvostelukykyistä sisäistä tutkiskelua. Se on kykyä siirtyä syrjään ja tarkkailla itseään ilman ennakkoluuloja ja arvioida oikein. Ajatukset voivat olla läsnä ilman tietoista havaintoa niistä. Sisäinen tutkiskelu on intuition voima, jonka avulla tietoisuus voi tarkkailla ajatuksiaan. Se ei järkeile vaan tuntee – ei kuitenkaan tunteilulle ominaisen puolueellisesti, vaan selkeän ja tyynen intuition avulla.

Mahabharatassa, johon Bhagavad Gita kuuluu, tekstin esittelee suuri *rishi* (viisas) Vyasa. Hän antaa Sanjayalle hengellisen kyvyn nähdä etäältä koko taistelukentän kaikki tapahtumat, jotta tämä voi kertoa sokealle kuningas Dhritarashtralle niiden kulusta. Niinpä voisikin odottaa, että kuninkaan utelu ensimmäisessä luvussa tapahtuisi preesensissä. Kirjailija Vyasa on kuitenkin laittanut tarkoituksella Sanjayan puhumaan Bhagavad Gitan dialogissa retrospektiivisesti ja käyttänyt verbin mennyttä aikamuotoa ("mitä he *tekivät?*") ikään kuin selvänä vihjeenä arvostelukykyisille lukijoille, että Bhagavad Gitassa viitataan Pohjois-Intian Kurukshetran tasangolla käytyyn historialliseen taisteluun vain toissijaisesti. Pääasiassa Vyasa kuvailee universaalia taistelua – sitä, joka raivoaa päivittäin ihmisen elämässä.

❖ ❖ ❖

Sokean kuningas Dhritarashtran vilpittömän tiedustelun tarkoituksena on saada rehelliseltä Sanjayalta puolueeton kertomus taistelun kulusta kurujen ja pandavien (pandupoikien) välillä Kurukshetrassa. Vertauskuvallisesti tässä on kyse siitä kysymyksestä, minkä hengellistä täyttymystä tavoitteleva kysyy käydessään läpi oman päivittäisen oikeamielisen taistelunsa tapahtumia, kun hän pyrkii voittamaan Itse-oivalluksen. Hän analysoi rehellisen itsetutkiskelun avulla tekojaan ja arvioi hyvien ja huonojen tapojensa vastakkaisten armeijoiden vahvuuksia: itsehillintä vastaan aistinautinnoille antautuminen, arvostelukykyinen äly vastaan henkinen taipumus joutua aistien valtaan, hengellinen päättäväisyys meditaatiossa, jota henkinen vastarinta ja fyysinen levottomuus häiritsevät, sekä jumalallinen sielutietoisuus tietämättömyyttä ja alemman egoluonteen magneettista vetovoimaa vastaan.

Ihmisen kehon ja mielen hengellinen taistelutanner

Näiden vastakkaisten voimien taistelukenttä on Kurukshetra (*Kuru* sanskritin alkusanasta *kri*, "työ", aineellinen toiminta", ja *ksetra*, "kenttä, pelto, tasanko"). Tämä "toiminnan kenttä" on ihmiskeho fysikaalisine, henkisine ja sielullisine tahoineen; alue, jolla kaikki elämän toiminnot tapahtuvat. Tässä Bhagavad Gitan säkeessä siihen viitataan Dharmakshetrana (*dharma* eli oikeamielisyys, hyve, pyhyys; näin ollen pyhä tasanko tai kenttä), sillä tällä kentällä käydään oikeamielistä taistelua sielun arvostelukykyisen älyn hyveiden (pandupoikien) ja alhaisten, hallitsemattomien sokean mielen toimintojen (kurujen, sokean kuningas Dhritarashtran jälkeläisten) välillä.

Dharmakshetra Kurukshetra viittaa myös uskonnollisiin ja hengellisiin velvollisuuksiin ja toimintaan (jota meditoiva joogi suorittaa), jotka muodostavat vastakohdan maallisten velvollisuuksien ja toiminnan kanssa. Näin ollen syvällisemmän metafyysisen tulkinnan mukaan Dharmakshetra Kurukshetra merkitsee sisäistä, ruumiillista kenttää, jolla joogameditaation hengellinen toiminta tapahtuu Itse-oivalluksen saavuttamiseksi: aivo-selkäranka-akselin ja sen seitsemän hienopiirteisen elämän ja jumalallisen tietoisuuden keskuksen muodostamaa kenttää. [Ks. tietoruutu: "Chakrat aivo-selkäranka-akselilla", sivu 20.]

Aineellinen tietoisuus vastaan hengellinen tietoisuus

Tällä kentällä kilpailevat kaksi vastavoimaa eli magneettista napaa: arvostelukykyinen äly (*buddhi*) ja aistitietoinen mieli (*manas*).

Puhdas arvostelukykyinen äly eli *buddhi* esitetään allegorisesti panduna, Kuntin aviomiehenä (Kunti on Arjunan ja muiden pandavaprinssien äiti; prinssit vaalivat *nivrittin* eli maallisuudesta luopumisen oikeamielisiä periaatteita). Nimi pandu juontuu sanasta *pand* eli "valkoinen" – vertauskuvallinen viittaus puhtaan arvostelukykyisen älyn kirkkauteen.

Manas esitetään allegorisesti sokeana kuningas Dhritarashtrana, joka johtaa sataa kurua, eli aistihavaintoa ja taipumusta, jotka ovat suuntautuneet *pravrittiin* eli maailmalliseen nautintoon.

Buddhi ammentaa oikeanlaisen arvostelukykynsä sielun ylitietoisuudesta, joka ilmenee tietoisuuden kausaalikeskuksissa hengellisen aivo-selkäranka-akselin keskuksissa. *Manas*, aistimieli, aineelliseen maailmaan suuntautunut magneettinen napa sijaitsee aivosillassa, joka on fysiologian kannalta jatkuvasti kiireinen aistikoordinaation parissa.[3]

Näin ollen *buddhi*-äly ohjaa tietoisuutta kohti totuutta ja ikuisia realiteetteja, sielutietoisuutta eli Itse-oivallusta. *Manas* eli aistimieli karkottaa tietoisuuden totuudesta ja saa sen kiinnittymään kehon ulkoisiin aistitoimintoihin ja sitä kautta harhaanjohtavien suhteellisuuksien maailmaan, *mayaan*.

Dhritarashtran nimi juontuu sanoista *dhrta*, "kiinnitetty, tuettu, tiukalle vedetyt (ohjat)", sekä *rāṣṭra*, "valtakunta", joka puolestaan on peräisin sanasta *rāj* eli "hallita". Tulkinnasta seuraa symbolinen merkitys, *dhṛtam rāṣṭraṁ yena*, "joka pitää yllä (aistien) valtakuntaa" tai "joka hallitsee pitämällä (aistien) ohjaksia tiukalla".

Mieli (*manas* eli aistitietoisuus) antaa aisteille koordinaatteja, kuten ohjakset pitävät yhdessä useita vaunuja vetäviä hevosia. Keho on tuo vaunu; sielu vaunun omistaja, äly ohjastaja ja aistit hevosia. Mielen on sanottu olevan sokea, koska se ei näe ilman aistien ja älyn apua. Vaunun ohjakset vastaanottavat ja välittävät ratsujen impulsseja ja ohjastajan ohjausta. Samalla tavoin sokea mieli ei tiedosta eikä harjoita opastamista, vaan ottaa ainoastaan vastaan vaikutelmia aisteilta ja välittää älyn johtopäätöksiä ja ohjeita.

Jos älyä hallitsee *buddhi*, puhdas arvostelukykyinen voima, aistit pysyvät kurissa; jos älyä ohjaavat aineelliset mielihalut, aistit villiintyvät holtittomiksi – – Ne vajoavat pahoihin ja itsetuhoisiin tapoihin.

❖ ❖ ❖

Itse-oivallusta kohti kulkevalla hengellisen tien kulkijalla pitäisi olla terve keho, itsehillinnällä koulutetut hyvin käyttäytyvät aistit, vahvat henkiset ohjakset niiden hallintaan ja tarkka, arvostelukykyinen äly niiden opastamiseen. Silloin kehovaunu voi matkustaa suoraa ja kaitaa oikean toiminnan polkua päämääräänsä – –

Maailmallinen ihminen, jolla on haavoittuva keho, huono arvostelukyky ja heikot henkiset ominaisuudet ja joka näin sallii vahvojen impulssien jyllätä

---

3 Aivosilta on osa aivorunkoa ja se sijaitsee ydinjatkeen yläpuolella keskellä aivopuoliskoja yhdistäen isot aivot, pikkuaivot ja ydinjatkeen. Kooltaan pieni (2,54 x 2,54 x 3,81 cm) elin sisältää nousevat sensoriset tiehyet ja laskevat motoriset tiehyet, jotka liittävät aivot muuhun kehoon. Nämä tiehyet kulkevat tiheän hermosoluverkoston läpi, jota kutsutaan aivoverkostoksi ja jonka tarkoitus on aktivoida muita aivojen osia ja säädellä 24 tunnin uni- ja valverytmiä. Aivosilta sisältää erityisen rakenteen, locus coeruleus -tumakkeen ("sininen paikka") – pieni solukeskittymä, joka sisältää noradrenaliinia, kemiallista yhdistettä, joka stimuloi liikkeelle ja valmistaa kehoa toimintaan. Tämä rakenne liittyy kiihtymiseen, nukkumiseen, uniin ja mielialoihin.

valtoimenaan ja hillitsemättä halki elämän kivikkoisen polun, kokee varmasti kovan kohtalon ja menettää terveytensä ja epäonnistuu aineellisesti – –

Hengellisen tien kulkija tiedostaa, että elämän tärkein tavoite on saavuttaa Itse-oivallus: oppia meditaation avulla tuntemaan todellisen olemuksensa sieluna ja sen ykseys ikuisesti autuaan Hengen kanssa. Jotta fyysisiin, henkisiin ja hengellisiin sudenkuoppiin putoaminen ei tule kyseeseen, hän oppii kehittämään arvostelukykyistä älyään, havaintokyvyn selkeitä ja sopusointuisia ominaisuuksia, aistihillintää sekä tervettä ja elinvoimaista kehoaan – jotta kaikki edellä mainittu voi palvella sielua.

Puolen valinta hyvän ja pahan välisessä kamppailussa

Sikiämisen hetkestä viimeiseen hengenvetoon ihmisten pitää taistella jokaisen inkarnaation aikana lukemattomia kamppailuja – biologisia, perinnöllisiä, bakteriologisia, fysiologisia, ilmastollisia, sosiaalisia, eettisiä, poliittisia, sosiologisia, psykologisia, metafyysisiä – ääretön määrä sisäisiä ja ulkoisia konflikteja. Jokaisessa kohtaamisessa hyvän ja pahan voimat kamppailevat voitosta.[4] Bhagavad Gitan koko tarkoitus on asettaa ihmisen yritykset *dharman,* eli oikeamielisyyden kanssa samaan linjaan. Perimmäinen tavoite on Itse-oivallus, ihmisen todellisen Itsen eli sielun oivaltaminen; että sielu on luotu Jumalan kuvaksi, yhdeksi ikuisesti olevan, ikuisesti tietoisen, alati uudistuvan Hengen autuuden kanssa.

Sielun ensimmäinen taistelu jokaisessa inkarnaatiossa käydään muita uudelleensyntymää etsiviä sieluja vastaan. Sperman ja munasolun yhdistyminen uuden ihmiskehon muodostamiseksi saa aikaan valon välähdyksen astraalimaailmassa, taivaallisessa kodissa, jossa sielut oleilevat inkarnaatioiden välillä. Valo lähettää kaavan, joka vetää sielua puoleensa sen ansaitseman karman mukaan, sielun itsensä edellisissä elämissä tekemien tekojen vaikutusten mukaisesti. Jokaisen inkarnaation aikana karma työstää itseään osittain perinnöllisten voimien kautta; lapsen sielu tuntee vetoa perheeseen, jonka perintötekijät ovat sopusoinnussa lapsen menneen karman kanssa. Monet sielut kilpailevat pääsystä uuteen elämänsoluun, mutta vain yksi tulee voittamaan. (Monisikiöraskaudessa on läsnä useampi kuin yksi alkio.)

Syntymätön lapsi kamppailee äidin kehossa tauteja, pimeyttä ja ajoittaisia

4 "Hyvä" tarkoittaa sitä, mikä ilmaisee totuutta ja hyveitä ja vetää tietoisuutta Jumalan puoleen; "paha" puolestaan tietämättömyyttä ja harhaa, sitä mikä työntää tietoisuutta Jumalan luota.

rajoittuneisuuden ja turhautumisen tunteita vastaan, kun syntymättömän lapsen sielutietoisuus muistaa ja sitten vähitellen unohtaa suuremman ilmaisunvapauden astraalimatkansa ajalta. Myös alkion sisällä olevan sielun pitää selvittää välit karman kanssa, joka vaikuttaa hyvässä ja pahassa sielun asuttaman kehon muodostumiseen. Lisäksi se kohtaa ulkoa tulevia värähtelyvaikutuksia, jotka johtuvat äidin ympäristöstä ja teoista, ulkoisista äänistä ja tuntemuksista, rakkauden ja vihan värähtelyistä, rauhasta ja suuttumuksesta.

Syntymän jälkeen vauva joutuu taistelemaan mukavuuteen ja eloonjäämiseen tähtäävien vaistojen ja toisaalta kypsymättömän kehonsa suhteellisen avuttomuuden ristipaineessa.

Lapsen ensimmäiset tietoiset kamppailut alkavat, kun hänen pitää valita päämäärättömän leikkimisen ja sen väliltä, että haluaa oppia ja opiskella järjestelmällisen koulutuksen avulla. Vähitellen alkavat myös vakavammat

Chakrat aivo-selkäranka-akselilla

Joogatutkielmissa mainitaan seitsemän keskusta, jotka ovat (nousevassa järjestyksessä): 1) *muladhara* (häntäluu selkärangan juuressa), 2) *svadhisthana* (sakraali, kaksi tuumaa *muladharan* yläpuolella), 3) *manipura* (lanneranka, napaa vastapäätä), 4) *anhata* (dorsaalinen, sydäntä vastapäätä), 5) *vishuddha* (kaularanka, niskan tyvessä), 6) *ajna* (hengellisen silmän sijaintipaikka, perinteisesti sijoitettu kulmakarvojen väliin; todellisuudessa ydinjatkeen vastapari), sekä 7) *sahasrara* ("tuhatlehtinen lootus" isojen aivojen lakipiste).

Seitsemän keskusta on jumalallisesti suunniteltuja uloskäyntejä tai "salaovia", joiden kautta sielu on laskeutunut kehoon ja joiden läpi sen pitää nousta takaisin meditaatiossa.

❖ ❖ ❖

Aivoista alaspäin virtaava elämänvoima ohjaa mielen aistien vaikutuksen alle sekä samastumaan fyysiseen kehoon ja siihen liittyvään materiaan. *Kriya*-joogan kaltaisen tekniikan avulla elämänvoiman suunta käännetään virtaamaan ylöspäin aivoissa sijaitseviin hengellisen havaintokyvyn keskuksiin ja ohjaamaan mieli pois aisteista takaisin sielun ja Hengen luo – –

Kun joogi vetää elämänvoiman poispäin materiaalisista objekteista, aistielimistä ja sensoris-motorisesta hermostosta ja ohjaa tiivistyneen elämänvoiman ylöspäin pitkin spiraalimaista *kundalini*-käytävää (kerälle kiertynyt energia),

koitokset, jotka johtuvat sisäisesti vaikuttavista karmisista vaistoista tai ulkoisesti vaikuttavista huonosta seurasta ja ympäristöstä.

Nuori huomaa äkkiä kohtaavansa joukon vaikeuksia, joihin hän on useimmiten huonosti valmistautunut: seksuaaliset houkutukset, ahneus, kaksinaamaisuus, rahan ansaitseminen helpoilla mutta kyseenalaisilla keinoilla, vertaispaine ja sosiaaliset vaikutteet. Yleensä nuori havaitsee, ettei hänellä ole käytössään viisauden miekkaa, jonka avulla taistella maailmallisten kokemusten hyökkääviä armeijoita vastaan.

Aikuinen, joka elää vaalimatta ja käyttämättä sisäsyntyisiä viisauden voimiaan ja hengellistä arvostelukykyään, huomaa väistämättä, että hänen kehonsa ja mielensä valtakunta joutuu kurjuutta aiheuttavien väärien mielihalujen, tuhoisien tapojen, epäonnistumisen, tietämättömyyden, sairauksien ja ilottomuuden kapinallisjoukkojen kouriin.

---

joka lähtee häntäluusta, hän havaitsee kohotessaan erilaisia selkärankakeskuksia, joista säteilee terälehtien lailla valoa ja elämänenergian ääniä. Kun joogin tietoisuus saavuttaa ydinjatkeen ja kulmakarvojen välissä sijaitsevan hengellisen silmän, hän löytää oviaukon "tuhannen" (lukemattomien) säteen tähtilootukseen. Hän näkee Jumalan kaikkialla läsnä olevan valon levittäytyvän ikuisuuden ylle ja oman kehonsa säteilevän vähäisesti tuota valoa.

❖ ❖ ❖

Jokainen astraalinen aivo-selkäranka-akselin keskus on luonnollisessa tilassaan hengellinen ja ne kaikki heijastavat jumalallisen älyn ja sielun ylitietoisuuden värähtelyvoiman eri aspekteja. Mutta kun näiden keskusten sisältämät energiat suunnataan ulospäin aistien vaikutuksen alaisiksi ja niiden yhteys sielun puhtaaseen arvostelukykyyn vähenee, niiden ilmaisuvoima muuttuu suhteellisen vääristyneeksi. Ulospäin suuntautuneet aivokeskukset ilmaisevat älyä, järkeä ja vääristävää levottomuutta (eivätkä niinkään intuition kaikkitietävää viisautta ja Henkeä ilmentävää tyyneyttä). Aistien kanssa samastuttuaan ulospäin suuntautunut sydänkeskus ilmaisee itseään pitämisen ja hylkimisen tunteiden, kiintymyksen ja vastenmielisyyden aktivoivilla impulsseilla (eikä niinkään puhtaana, ennakkoluulottomana tunteena ja elämänvoiman hallintana). Ulospäin suuntautuneina kolme alinta keskusta ruokkivat aistien ahneita haluja (eivätkä niinkään ilmaise näiden chakrojen jumalallista potentiaalia: itsehillintää, hyveellisissä periaatteissa pitäytymistä ja voimaa vastustaa vääriä vaikutteita).

Harva edes tiedostaa, että tuo jatkuva sodankäynti riehuu heidän valtakunnassaan. Yleensä vasta silloin, kun hävitys on liki täydellinen, ihminen huomaa avuttomana elämänsä surulliset rauniot. Psykologinen kamppailu terveyden, vaurauden, itsehillinnän ja viisauden säilyttämiseksi pitää aloittaa joka päivä uudelleen, jotta ihminen pääsee etenemään kohti voittoa. Sielun territorio on vallattava sentti sentiltä takaisin tietämättömyyden kapinallisjoukoilta.

Joogi, havahtuva ihminen, kohtaa kaikkien muiden tavoin ulkoiset kamppailut, mutta lisäksi hänen sisällään törmäävät levottomuuden (*manasin* eli aistitietoisuuden aiheuttama) kielteiset voimat ja myönteiset voimat, jotka johtuvat hänen halustaan ja yrityksestään meditoida (tätä pitää yllä *buddhi*-äly), kun hän pyrkii asettumaan takaisin sielun sisäiseen hengelliseen valtakuntaan: selkärangassa ja aivoissa sijaitseviin hienopiirteisiin elämän ja jumalallisen tietoisuuden keskuksiin.

Siksi Bhagavad Gitan ensimmäisessä säkeistössä huomautetaan ihmisen perimmäisestä tarpeesta jokailtaiseen itsetutkiskeluun, jotta hän voi selkeästi havaita, kumpi voima – hyvä vai paha – on voittanut päivittäisen kamppailun. Eläkseen sopusoinnussa Jumalan suunnitelman kanssa ihmisen pitää kysyä itseltään joka ilta aina ajankohtainen kysymys: "Kun vastavoimat kokoontuivat kehon pyhälle näyttämölle – hyvien ja pahojen tekojen kentälle – mitä ne tekivät? Kumpi puoli voitti tänään loputtoman taistelun? Kierot, houkuttelevat, pahat taipumukset vai niitä vastustavat itsekurin ja arvostelukyvyn voimat – kerrohan minulle, mitä tapahtui?"

Jokaisen keskittyneen meditaatiohetken jälkeen joogi kysyy itsetutkiskeluvoimiltaan: "Aivo-selkäranka-akselin tietoisuuden alueella ja kehon aistiaktiviteettien kentällä mielen tasolla toimivat aistivoimat, jotka pyrkivät vetämään tietoisuutta ulospäin, ja sielun arvostelukykyiset lapset, jotka yrittävät valloittaa takaisin sisäisen valtakunnan, halajavat taisteluun – mitä he tekivät? Kumpi tänään voitti?"

Tavallinen yksilö on arpisen ja uupuneen soturin tavoin aivan liian tottunut taisteluihin. Usein hänen puolihuolimaton koulutuksensa ei riitä taistelukentän eikä vastavoimien hyökkäysten taustalla piilevän tieteen ymmärtämiseen. Niitä koskeva tieto kasvattaisi voittojen lukumäärää ja vähentäisi hämmentäviä tappioita.

Sielu vastaan ego

Kurukshetran sodan historialliseksi syyksi kerrotaan, että Pandun ylhäis-sukuiset pojat hallitsivat kuningaskuntaa hyveellisesti, kunnes kuningas Du-ryodhana, hallitsevan sokean Dhritarashtran ilkeä poika, huijasi pandavilta ovelasti näiden valtakunnan ja tuomitsi heidät maanpakoon.[5]

Symbolisesti kehon ja mielen valtakunta kuuluu oikeutetusti kuningas Sielulle ja hänen hyveellisten taipumusten jaloille alamaisilleen. Mutta kuningas Ego ja hänen ilkeät, alhaisten taipumusten alamaisensa anastavat ovelasti kruunun. Kun kuningas Sielu tarttuu aseisiin vallatakseen alueensa takaisin, kehosta ja mielestä tulee taistelukenttä.[6]

Gitan keskeinen sanoma piilee siinä, miten kuningas Sielu hallitsee kehon valtakuntaa, menettää sen ja saa sen takaisin.

❖ ❖ ❖

Ihmisen kehon ja mielen järjestäytyminen yksityiskohtaisen täydelliseksi kokonaisuudeksi paljastaa jumalallisen suunnitelman läsnäolon. "Ettekö tiedä, että te olette Jumalan temppeli ja että Jumalan Henki asuu teissä?"[7] Jumalan Henki, Hänen heijastuksensa ihmisessä, on sielu.

Sielu siirtyy aineeseen kaikkivoivan elämän ja tietoisuuden kipinänä sperman ja munasolun muodostamassa alkiossa. Kehon kehittyessä alkuperäinen "elämän alku" jää ydinjatkeeseen. Siksi ydinjatkeesta puhutaan elämän portti-na, jonka kautta kuningas Sielu saapuu voitokkaana kehon valtakuntaan – –

Sielun luovat ominaisuudet tai instrumentit ovat luonteeltaan astraalisia ja kausaalisia – – Elämän ja tietoisuuden keskukset, joista käsin nämä voi-mat toimivat, ovat astraaliaivot (eli valon "tuhatlehtinen lootus") ja astraali-nen aivo-selkäranka-akseli (eli *sushumna*), joka sisältää kuusi hienopiirteistä

5 Sokealla kuningas Dhritarashtralla oli sata poikaa – – Vanhin heistä, Duryodhana, edustaa Aineel-lista Mielihalua – esikoista, joka hallitsee kaikkia muita kehovaltakunnan aistitaipumuksia. Hän on laa-jalti tunnettu sotien ja muiden ikävyyksien aiheuttajana. Metaforisesti Duryodhana juontuu sanoista *duḥ-yudhaṁ yaḥ saḥ* – "hän, joka on kaikin tavoin vaikea kohdata". Hänen nimensä tulee sanskritin sanoista *dur* eli "vaikea" ja *yudh* eli "taistella". Aineellinen mielihalu on äärimmäisen voimallinen, sillä se on kaikkien maailmallisten nautintojen kuningas ja johtaja sekä syypää ja rikollinen taistelussa, jota sielu käy oikeutetusti kehon valtakunnan hallinnasta.

6 Kuningas Sielun ja kuningas Egon ominaisuuksia käytetään tässä laveammassa merkityksessä, eikä niillä välttämättä viitata Gitalle ominaiseen allegoriaan, jossa Krishna on sielu ja Bhishma ego.

7 I Kor. 3:16

keskusta eli *chakraa.*[8]

❖ ❖ ❖

Mielen karkeammat voimat ilmenevät kehon konkreettisemmissa raken-
teissa, mutta sielun hienojakoiset voimat – tietoisuus, äly, tahto, tunteet – vaativat
ydinjatkeen ja aivojen herkkiä kudoksia, joissa oleilla ja joiden kautta ilmetä.

Yksinkertaistetuin termein kuningas Sielun palatsin sisemmät kammiot
sijaitsevat ylitietoisuuden, Kristus- eli Krishna-tietoisuuden (*Kutastha Chaita-
nya* eli Universaali Tietoisuus) hienopiirteisissä keskuksissa ja Kosmisessa Tie-
toisuudessa. Nämä keskukset ovat, vastaavasti, ydinjatkeessa, etuaivolohkos-
sa kulmakarvojen välisen pisteen kohdalla (yksittäisen eli hengellisen silmän
sijaintipaikka) ja aivojen lakipisteessä (sielun valtaistuimella, "tuhatlehtisessä
lootuksessa"). Näissä tietoisuuden tiloissa kuningas Sielu hallitsee yksinvaltiaa-
na – Jumalan puhtaana kuvana ihmisessä.

Mutta kun sielu laskeutuu kehotietoisuuteen, se joutuu *mayan* (kosmisen
harhan) ja *avidyan* (yksilökohtainen harha eli tietämättömyys, joka luo ego-
tietoisuuden) vaikutuksen alaiseksi – – Egona sielu omaksuu kaikki kehon
rajoitteet ja puutteet. Siten samastuneena sielu ei voi enää ilmentää kaikkitietä-
vyyttään, kaikkivoipaisuuttaan ja läsnäoloaan kaikkialla. Se kuvittelee olevan-
sa rajallinen – aivan kuten rikas prinssi, joka vaeltaa muistinsa menettäneenä
slummeissa ja luulee olevansa kerjäläinen. Tässä harhatilassa kuningas Ego
ottaa kehovaltakunnan haltuunsa.

Sielutietoisuus voi sanoa Jeesuksessa heränneen Kristuksen tavoin: "Minä
ja Isäni olemme yhtä." Harhainen egotietoisuus sanoo: "Olen keho; tämä on
perheeni ja nimeni; nämä omaisuuttani." Vaikka ego luulee hallitsevansa, se
on todellisuudessa kehon ja mielen vanki, jotka puolestaan ovat Kosmisen
Luonnon pelinappuloita salamyhkäisessä pelissä – – Keskivertoihminen on
tietoinen ainoastaan kehostaan ja mielestään ja niiden ulkoisista yhteyksistä.
Harhojen maailma (jota muinaisessa ja nykykirjallisuudessa kuvaillaan mo-
nin tavoin) pitää hänet hypnotisoituna ja vahvistaa sanatonta oletusta, jonka

---

8 Ihmiselämässä sielu on kietoutunut kolmeen kehoon: fyysiseen kehoon, valon ja elämänenergian
muodostamaan astraalikehoon sekä tietoisuuden kausaalikehoon (nimetty näin siksi, että se on kah-
den muun kehon alkusyy). Astraalikehon hienojakoiset voimat rakentavat, ylläpitävät ja elähdyttä-
vät karkeampaa fyysistä hahmoa; nämä voimat koostuvat: älystä (*buddhi*), egosta (*ahamkara*), tun-
teesta (*chitta*), mielestä (*manas*, aistitietoisuus), sekä viidestä tiedon instrumentista, viidestä toiminnan
instrumentista ja viidestä *pranan* instrumentista.

mukaan hän on äärellinen ja rajoittunut olento.

❖ ❖ ❖

Kuningas Egon hallitsema kehovaltakunta on usein toistuvien sairauksien ja ennenaikaisen ikääntymisen vuoksi rappiolla – – Ajatusten, tahdonvoiman ja tunteiden asukkaista tulee kielteisiä, rajoittuneita, kyllästyneitä ja onnettomia; solujen, atomien ja sitä pienempien yksiköiden älykkäät työläiset muuttuvat kurittomiksi, tehottomiksi ja veltoiksi – – Jokaista ihmiskehon valtakunnan henkisten ja solullisten asukkaiden hyvinvointiin tähtäävää lakia rikotaan. Se on pimeyden valtakunta, jossa lukemattomat pelot, epävarmuus ja kurjuus vesittävät jokaisen lyhyen nautinnon hetken.

❖ ❖ ❖

Kuningas Sielun hallitsemassa kehovaltakunnassa – – ajatusten, tahdonvoiman ja tunteiden asukkaat ovat viisaita, rakentavia, rauhallisia ja onnellisia. Solujen, molekyylien, atomien, elektronien ja luovien elämänkipinöiden (lifetronien, *pranan*) tietoiset ja älykkäät työläisjoukot ovat elinvoimaisia, sopusointuisia ja tehokkaita – – Kaikkia terveyttä, henkistä tehokkuutta ja ajatusten, tahdonvoiman, tunteiden ja älyllisten solujen asukkaiden hengellistä koulutusta koskevaa lakia noudatetaan viisauden ylivertaisen opastuksen alaisuudessa. Tuloksena onni, terveys, vauraus, rauha, arvostelukyky, tehokkuus ja intuitiivinen ohjaus vallitsevat kehovaltakunnassa – mikä valon ja autuuden tyyssija se onkaan!

❖ ❖ ❖

Ihmisen keho ja mieli ovat todellisia taistelutantereita, joilla mittaa toisistaan ottavat viisaus ja tietoinen, harhauttava voima eli *avidya*, tietämättömyys. Jokainen hengellisen tien kulkija, joka aikoo luoda kuningas Sielun alaisuudessa toimivan sisäisen valtakunnan, pitää kukistaa kapinallinen kuningas Ego ja hänen väkevät alamaisensa.

Jooga: Voitokas metodi

Yrittäessään vapauttaa sielunsa aineellisen kahleista käytännöllinen metafyysikko oppii voitokkaat metodit. Harjoittamalla johdonmukaisesti oikeita ajatuksia ja tekoja sopusoinnussa jumalallisen lain kanssa ihmisen sielu kohoaa hitaasti luonnollisen evoluution polulla. Joogi valitsee kuitenkin pikaisemman, evoluutiota nopeuttavan metodin: tieteellisen meditaation, jonka avulla tietoisuuden virran suunta käännetään aineesta Henkeä kohti samojen aivo-selkäranka-akselilla sijaitsevien elämän ja jumalallisen tietoisuuden keskusten kautta, joiden kautta sielu laskeutui kehoon.

❖ ❖ ❖

Jokaisen keskuksen energiavoimien taustalla piilee sielun jumalallisen tietoisuuden ilmentymä – – Jokaisen Hengen kanssa [meditaatiossa] koetun voitokkaan kohtaamisen myötä sielutietoisuus voimistuu ja saa paremman jalansijan kehovaltakunnassa.

❖ ❖ ❖

Jopa aloitteleva meditoija huomaa pian, että hän kykenee ammentamaan hengellistä voimaa ja tietoisuutta sielun ja Hengen sisäisestä maailmasta valaisemaan kehon valtakuntaa ja toimiaan – niin fyysisiä, henkisiä kuin hengellisiäkin. Mitä edistyneempi hänestä tulee, sitä suurempi on jumalainen vaikutus.

❖ ❖ ❖

Sielun voimien aktivoiminen meditaation avulla

Viisi jumalallista Pandun poikaa symboloi puhtaita, arvostelukykyisiä voimia – – viisi pandavaa kuuluu Bhagavad Gitan keskeisiin sankareihin, jotka kontrolloivat tietoisuuden ja energian (*pranan*) armeijoita selkärangan viidessä

hienopiirteisessä keskuksessa. He edustavat hengellisen tien kulkijan saavutta-
mia ominaisuuksia ja voimia, jotka hän on hankkinut virittymällä syvässä me-
ditaatiossa elämän ja jumalallisen tietoisuuden astraali- ja kausaalikeskusten
kanssa samalle taajuudelle.

Viiden pandavan merkitys kuuluu nousevassa järjestyksessä seuraavasti:

Sahadeva: Itsehillintä, voima pysyä poissa pahan vaikutuspiiristä (*Dama*,
aktiivinen vastustava voima, sinnikkyys, jolla ulkoisia, levottomia aistielimiä
voidaan hillitä); värähtelevä maaelementti häntäluukeskuksessa eli *muladha-
ra-chakrassa*.[9]

Nakula: Johdonmukaisuus, voima totella hyviä sääntöjä (*Sama*, myöntei-
nen eli sulauttava voima, tarkkaavaisuus, jonka avulla henkisiä taipumuksia
voidaan hillitä); värähtelevä vesielementti sakraalikeskuksessa eli *svadhistha-
na-chakrassa*.

Arjuna: Itsekuri; värähtelevä tulielementti lannerankakeskuksessa. Tämä
keskus eli *manipura-chakra* suo tulen väkevyyden henkiselle ja fyysiselle voi-
malle taistelussa aistisotilaiden massiivista hyökkäystä vastaan. Se on hyvien
tapojen ja tekojen voimistaja; eräänlainen tapakouluttaja. Se pitää kehoa pys-
tyssä ja puhdistaa niin kehoa kuin mieltäkin ja tekee syvän meditaation mah-
dolliseksi.

Kaksoisfunktiota pohtimalla huomaamme selkeämmin, miksi tämä kes-
kus edustaa allegorisesti Arjunaa, pandava-armeijan kyvykkäintä edustajaa.
Se on hengellisen tien kulkijan elämän käännekohta karkeasta materialismista
hienompiin hengellisiin ominaisuuksiin. Elämä ja tietoisuus virtaavat lanne-
ranka-, sakraali ja häntäluukeskuksista alaspäin ja ulospäin kohti materialisti-
sta, aisteihin sidottua kehotietoisuutta. Meditaatiossa, kun hengellinen oppilas
auttaa elämää ja tietoisuutta altistumaan korkeammalla sijaitsevan dorsaalisen
keskuksen magneettiselle vetovoimalle, tämän tulisen lannerankakeskuksen
voima erkanee aineellisista kysymyksistä ja pitää yllä oppilaan hengellistä työtä
korkeampien keskusten voimin – –

Kun Arjuna, itsehillinnän voima lannerankakeskuksessa, nostattaa me-
ditaation, hengellisen kärsivällisyyden ja päättäväisyyden liekin, hän vetää
ylöspäin lanneranka-, sakraali- ja häntäluukeskusten läpi alaspäin ja ulospäin

9 Jokaisessa chakrassa vaikuttavat värähtelyelementit (*tattvat*) ovat hienovaraisia voimia, joiden kautta
materian eri muodot ilmentyvät luovasta Hengen Valosta. Nämä selitetään teoksessa *God Talks With
Arjuna*. (*Kustantajan huomautus.*)

virranneen elämän ja tietoisuuden ja antaa näin meditoivalle joogille tarpeel-
lista henkistä ja fyysistä voimaa, jotta tämä voi meditoida syvästi ja saavuttaa
sitä kautta Itse-oivalluksen. Ilman tuota tulta ja itsehillintää hengellinen edis-
tyminen ei ole mahdollista. Niinpä Arjuna, kirjaimellisemmin, edustaa myös
itsehillinnän, kärsivällisyyden ja päättäväisyyden harjoittajaa, jonka sisällä Ku-
rukshetran taistelu riehuu. Hän on Herran, Bhagavan Krishnan pääopetuslap-
si. Bhagavad Gitan dialogissa Krishna osoittaa Arjunalle tien voittoon.

Kaksi jäljelle jäänyttä pandavaa ovat:

Bhima: Elinvoima, sielun hallitsema elämänvoima (*prana*); sekä värähtelevä,
luova ilmaelementti dorsaalisessa keskuksessa eli *anahata-chakrassa*. Tämän
keskuksen voima auttaa hengellisen tien kulkijaa harjoittamaan *pranayaman*
oikeita tekniikoita tyynnyttääkseen hengityksensä ja hillitäkseen mieltä ja ais-
tien hyökkäyksiä. Kyseessä on voima tyynnyttää sisäiset ja ulkoiset elimet ja
näin tuhota kaikkien intohimojen invaasiot (seksin, ahneuden, vihan). Se on
tautien ja epäilysten tuhoaja sekä jumalallisen rakkauden ja hengellisen luo-
vuuden keskus. [Ks. tietoruutu s. 44.]

Yudhisthira: Jumalallinen tyyneys; sekä luova värähtelevä eetterielementti kau-
larankakeskuksessa eli *vishuddha-chakrassa*. Yudhisthira on pandujen (*buddhi*
eli puhdas äly) viidestä jälkeläisestä vanhin ja sitä kuvataan osuvasti kaikkien
arvostelukykyisten ominaisuuksien kuninkaaksi, sillä tyyneys on merkittävin
tekijä kaikissa arvostelukyvyn oikeanlaisissa ilmauksissa.

Kaikki tietoisuutta häiritsevä, aistillinen tai tunneperäinen, vääristää jokais-
ta havaintoa. Tyyneys on kuitenkin havaintokyvyn selkeyttä, intuitiota itsessään.
Kuten kaikkialle levittäytyvä eetteri pysyy muuttumattomana huolimatta luon-
nonvoimien myllerryksestä sen pinnalla, samoin Yudhisthiran arvostelukykyi-
nen voima on muuttumaton tyyneys, joka näkee kaiken vääristymättömänä.

Se on voimaa pystyä suunnittelemaan vihollisen eli intohimon syrjäyttä-
minen. Se on huomiokyvyn voimaa, joka kohdistuu lakkaamatta oikeaan koh-
teeseen. Se hallitsee huomiokyvyn kestoa ja syvällisyyttä.

Se on voimaa päätellä vääristä teoista johtuvat vaikutukset ja voimaa sa-
mastua hyvyyteen tyyneyden avulla.

Se on voimaa verrata hyvää pahuuteen; lisäksi se on tervettä järkeä, jonka
avulla havaitaan hyve ja vahvistetaan sitä ja tuhotaan vihollinen (kuten aistit
ja tavat).

Se on intuitiivisen mielikuvituksen voimaa eli kykyä kuvitella tai visualisoida totuus, kunnes se ilmenee.

❖ ❖ ❖

Pandavien pääneuvonantaja ja tukija on Herra Itse, joka Krishnan hahmossa edustaa milloin Henkeä, milloin sielua ja milloin intuitiota, jotka ilmenevät ylitietoisuudessa, *Kutastha-* eli Kristus-tietoisuudessa ja kosmisessa tietoisuudessa ydinjatkeessa, Kristus-keskuksessa ja tuhatlehtisessä lootuksessa tai sitten guruna, joka neuvoo opetuslastaan Arjunaa. Herra Krishna on siis hengellisen tien kulkijan sisällä vaikuttava Jumalallinen Äly, joka puhuu alhaisemmalle, aistitietoisuuteen eksyneelle itselle. Tämä Korkeampi Äly on mestari ja opettaja, kun taas alhaisempi henkinen äly on opetuslapsi; Korkeampi Äly opastaa alempaa, heikompaa itseä, miten kohottaa itsensä sopusoinnussa ikuisten totuuksien kanssa ja näin täyttää sisäsyntyinen Jumalan antama velvollisuus.

Joogan harjoittamisen hengelliset vaikutukset

Yleisen väärinkäsityksen mukaan joogan harjoittaminen sopii vain mystikoille ja että siihen liittyvä tiede on tavallisen ihmisen käsityskyvyn ulottumattomissa. Kuitenkin jooga on koko luomakuntaa koskeva tiede. Maailmankaikkeuden jokaisen atomin tavoin ihminen on tuon jumalallisen tieteen toiminnan ulkoinen tulos. Joogan harjoittaminen on joukko opinkappaleita, joiden avulla tätä tiedettä ymmärretään kokemalla henkilökohtaisesti Jumala, Ylimmäinen Syy.

Aineellista tutkiva tiedemies aloittaa tarkastelemalla materialle tapahtuvia havaittavia vaikutuksia ja tutkii sitten taaksepäin löytääkseen syyn tälle. Joogassa puolestaan kuvaillaan Syytä ja sitä, miten se kehittyi aineelliseksi ilmiöksi sekä osoitetaan, miten seurata tätä prosessia *käänteisesti*, jotta voidaan kokea maailmankaikkeuden ja ihmisen todellinen Henki-luonne – –

Intian viisaiden suurmies Patanjali, jonka elinajasta oppineet väittelevät, ymmärsi Bhagavad Gitan olevan "Taivaallinen Laulu", jonka avulla Herra halusi yhdistää tietämättömien ja harhailevien ihmisten sielut oman Henkensä kanssa. Tämä oli tarkoitus saavuttaa tieteellisesti noudattamalla fyysisiä, henkisiä ja hengellisiä lakeja. Patanjali selitti tämän hengellisen tieteen tarkoilla metafyysisillä termeillä kuuluisassa teoksessaan *Joogasutrat* – –

Gitan sanoma käy ilmi välittömästi, kun huomaamme, miten säkeistöissä

4–8 mainitut soturit rinnastuvat Patanjalin *Joogasutrissa* kuvailemaan joogan harjoittamiseen. Korrelaatio on havaittavissa metafyysisten sotilaiden metaforisessa merkityksessä. Siitä annetaan vihjeitä soturien nimien merkityksen avulla, nimien sanskritinkielisten kantasanojen kautta tai heidän merkityksellään *Mahabharata*-eepoksen kokonaisuudessa.

Säkeistöissä 4, 5 ja 6 kuningas Mielihalu (Duryodhana) kertoo yliopettajalleen Menneelle Tavalle (Drona) hengellisistä sotilaista aivojen ja selkärangan keskuksissa ja heidän järjestäytymisestään taistelumuodostelmaan. Nämä viiden pandavan tueksi kokoontuneet metafyysiset soturit ovat joogan harjoittamisella aikaansaatuja hengellisiä vaikutuksia. Ne tulevat viiden tärkeimmän pandavan ohella auttamaan joogia taistelussa ilkeitä aistimielen sotilaita vastaan.

Duryodhana nimeää heidät Yuyudhanaksi, Virataksi, Drupadaksi, Dhrishtaketuksi, Chekitanaksi, Kashin kuninkaaksi (Kashiraja), Purujitiksi, Kuntibhojaksi, Shaibyaksi, Yudhamanyuksi, Uttamaujasiksi, Subhadran pojaksi (Abhimanyu) sekä viideksi Draupadin pojaksi. Heidän metaforinen merkityksensä selitetään Patanjalin omaksumassa kategorisessa järjestyksessä.

Patanjali aloittaa *Joogasutrat* määrittelemällä joogan "tietoisuuden vaihtelevien aaltojen neutralisoimiseksi" (*chitta vritti nirodha* – I:2). Tämä voidaan kääntää myös muotoon "mieliaineksen muutosten lakkauttaminen".

Olen kirjoittanut teoksessani *Joogin omaelämäkerta* näin: "*Chitta* on kattava termi ajattelun periaatteelle, joka käsittää pranan elämänvoimat, *manasin* (mielen eli aistitietoisuuden), *ahamkaran* (egon) ja *buddhin* (intuitiivisen älyn). *Vritti* (kirjaimellisesti "pyörre") viittaa ajatusten ja tunteiden aaltoliikkeeseen, joka lakkaamatta nousee ja laskee ihmisen tietoisuudessa. *Nirodha* merkitsee neutralisointia, lakkauttamista, hallintaa."

Patanjali jatkaa: "Silloin näkijä oleilee omassa luonnossaan eli itsessään." (I:3). Tämä viittaa hänen todelliseen Itseen eli sieluun. Se merkitsee, että hän saavuttaa Itse-oivalluksen, sielunsa ykseyden Jumalan kanssa.

Patanjali selittää sutrissa I:20–21: "[Tätä joogan tavoitteen saavuttamista] edeltää *shraddha* (omistautuminen), *virya* (elinvoimaa antava selibaatti), *smriti* (muisti), *samadhi* (Jumal-yhteyden kokeminen meditaatiossa), *prajna* (arvostelukykyinen älykkyys). Sen saavuttaminen on lähimpänä heitä, joilla on *tivra-samvegaa*, jumalallista intoa (palavaa kiihkoa ja yritystä tavoittaa Jumala ja äärimmäistä välinpitämättömyyttä aistimaailmaa kohtaan)."

Näistä sutrista meillä on kuusi ensimmäistä metafyysistä soturia, jotka ovat valmiita auttamaan joogia taistelussa Itse-oivalluksen saavuttamiseksi:

1. Yuyudhana – Jumalallinen Omistautuminen (Shraddha)

Sanskritin kantasanasta *yudh* eli "taistella" johdettu Yuyudhana merkitsee kirjaimellisesti "häntä, joka on taistellut oman etunsa vuoksi". Metaforinen johdannainen: *Yudham caitanya-prakāśayitum eṣaṇaḥ abhilaṣamāna iti* – "Hän, jolla on kiihkeä halu taistella ilmaistakseen hengellistä tietoisuutta." Se edustaa rakkauden puoleensavetävää periaatetta, jonka "velvollisuus" on vetää luomakunta takaisin Jumalan luo. Hengellisen tien kulkija tuntee sen *shraddhana* eli omistautumisena Jumalalle; se on sydämen luontaista vetoa kaipauksessa tuntea Hänet. Se yllyttää hänet hengellisiin toimiin ja tukee hänen *sadhanaansa* (hengellisiä harjoitteita).

Shraddha käännetään usein uskoksi, mutta tarkempi määritelmä olisi sydämen luontainen taipumus tai ominaisuus kääntyä kohti Lähdettään, ja usko on oleellinen osa tuolle vetovoimalle antautumista. Luomakunta on tulosta hylkimisestä, Jumalan luota poistumisesta – se on Hengen ulkoinen ilmenemismuoto. Aineella on kuitenkin sisäinen puoleensavetävä voima. Se on Jumalan rakkaus, magneetti, joka lopulta vetää luomakunnan takaisin Hänen luokseen. Mitä paremmin hengellisen tien kulkija on virittäytynyt sen taajuudelle, sitä voimakkaammaksi veto muuttuu ja sitä suloisemmaksi joogin jumalallisen omistautumisen puhdistavat vaikutukset muuttuvat.

Yuyudhana, Jumalallinen Omistautuminen, taistelee julkeita, saatanallisia epäuskon ja epäilyn voimia vastaan, sillä ne yrittävät pyörtää hengellisen oppilaan pään ja murtaa hänen rohkeutensa.

2. Uttamaujas – Elinvoimaa Antava Selibaatti (Virya)

Uttamaujasin, *Mahabharatan* soturin, kirjaimellinen merkitys kuuluu "loistokkaan urhea". Patanjalin *virya* on tavallisesti käännetty sankarillisuudeksi tai rohkeudeksi. Joogafilosofiassa *virya* viittaa kuitenkin myös luovaan siemeneen, joka muuntuu puhtaaksi, elinvoimaiseksi perusolemukseksi ja tuottaa kosolti fyysistä väkevyyttä, elinvoimaa ja moraalista rohkeutta, jos sitä ei hukata aistinautinnoissa. Huomaammekin, että Uttamaujas juontuu sanskritin sanoista *uttama*, "tärkein, merkittävin", sekä *ojas* eli "energia, voima, ruumiillinen vahvuus", joten sana voidaan kääntää muotoon "merkittävin voima, tärkein kehon vahvuus". Metaforinen johdannainen kuuluukin: *Uttamam oja yasya sa iti* – "Hän, jonka voima on ylivertainen (korkeinta tai ylittämätöntä laatua)." Joogin hallitsema elinvoiman perusolemus on hänen hengellisen voiman ja moraalisen päättäväisyyden merkittävin lähde.[10] Elinvoiman perusolemus, aistimieli, hengitys ja *prana* (elämänvoima tai elinvoima) liittyvät läheisesti toisiinsa. Yhdenkin hallinta suo vallan hallita myös kolmea muuta. Hengellisen tien kulkija, joka soveltaa tieteellisiä joogatekniikoita kontrolloidakseen samanaikaisesti kaikkia neljää osa-aluetta, saavuttaa nopeasti korkeamman tietoisuuden tilan.

Uttamaujas, Elinvoimaa Antava Selibaatti, suo hengelliselle oppilaalle voimia kukistaa houkutusten voimat ja irstaat tavat, ja vapauttaa näin elämänvoiman ylösnostettavaksi karkeasta nautinnosta jumalalliseksi autuudeksi.

3. Chekitana – Hengellinen Muisti (Smriti)

Chekitana merkitsee "älykästä". Sanskritinkielisestä kantasanasta *chit* voidaan johtaa useita merkityksiä: "ilmestyä, loistaa, muistaa". Metaforinen johdannainen: *Ciketi jānāti iti* – "Hän muistaa, oivaltaa todellisen tiedon ja hänen havaintokykynsä on selkeä, keskittynyt." Patanjalin *smriti* merkitsee muistia, jumalallista ja inhimillistä. Kyseessä on taito, jonka avulla joogi muistaa todellisen luontonsa eli hänet on luotu Jumalan kuvaksi. Kun tuo muisto ilmestyy tai hohtaa hänen tietoisuudessaan, se antaa hänelle älyä tai selkeän havaintokyvyn, joka auttaa valaisemaan hänen polkuaan.

Chekitana, Hengellinen Muisti, on valmiudessa vastustamaan aineellista harhaa, joka saa ihmisen unohtamaan Jumalan ja luulemaan itseään kehoon sidotuksi kuolevaiseksi.

4. Virata – Ekstaasi (Samadhi)

Kun Duryodhana karkotti viisi pandavaa näiden valtakunnasta, hän asetti

10 *God Talks With Arjuna* -kirjan kommentaarissaan Paramahansa Yogananda valaisi yksityiskohtaisesti Gitan opetuksia koskien seksuaalisten impulssien oikeanlaista käyttämistä ja hallintaa. Katkelma: "Joogameditaation aloittelija kokee aivan liian tarkasti, miten juurtunut hän on, koska hänen elämänsä ja energiansa ovat kiintyneet itsepäisesti hänen kehoonsa, eikä hän toisinaan edes käsitä, että hänen hallitsemattomat seksiä koskevat ajatuksensa ja tekonsa ovat pääasiassa syypäitä tuohon maallisuuden hallitsemaan olotilaan. Itse-oivallukseen pyrkivän onkin joogan oppien mukaan otettava tuo kapinallinen voima haltuunsa: avioparien pitäisi harjoittaa kohtuutta ja antaa rakkauden ja ystävyyden vallita, kun taas naimattomien pitäisi noudattaa selibaatin puhtaita lakeja – niin ajatuksissa kuin teoissakin – – Koska tukahduttaminen saattaa ainoastaan lisätä ihmisen vaikeuksia, jooga opettaa sublimaatiota – – Kyltymätön halu seksuaaliseen mielihyvään muunnetaan syvässä meditaatiossa koetun jumalallisen rakkauden ja ekstaattisen ilon avulla."

ehdoksi, että näiden piti asua metsissä kaksitoista vuotta ja kolmantenatoista pystyä välttämään Duryodhanan vakoojat. Ja niin tapahtui, että pandavat viettivät kolmannentoista vuotensa valepuvuissa kuningas Viratan hovissa.

Metaforinen merkitys kuuluu, että kun aineelliset mielihalut muuttuvat tavoiksi ja hallitsevat täydellisesti, vaatii kaksitoista vuotta puhdistaa kehon valtakunta kruunun anastajilta. Ennen kuin oikeutetut ja arvostelukykyiset ominaisuudet saavat valtakuntansa takaisin, hengellisen tien kulkijan on ammennettava noita ominaisuuksia kokemuksistaan *samadhi*-meditaatiossa ja sitten pystyttävä pitämään niistä kiinni ilmaistessaan itseään fyysisen kehon ja aistien kautta. Kun arvostelukykyiset ominaisuudet ovat näin todistaneet voimansa, ne ovat valmiita metafyysiseen taisteluun vallatakseen kehon valtakunnan takaisin.

Näin ollen Virata edustaa Patanjalin *samadhia*, meditaatiossa koettavia tilapäisiä Jumal-yhteyden hetkiä, joista joogi ammentaa hengellistä voimaa. Virata juontuu sanskritin sanasta *vi-rāj*, "hallita, näyttää tietä". *Vi* ilmaisee erottelua, vastakohtaisuutta, ja vihjaa eroon tavallisen hallintatavan ja *samadhissa* koetun jumalallisen tietoisuuden pohjalta hallitsemisen välillä. Metaforinen johdannainen: *Viśeṣeṇa ātmani rājate iti* – "Hän, joka on täydellisen uppoutunut sisäiseen Itseensä." *Samadhin* vaikutuksen alaisena tai hallitsemana hengellinen oppilas valaistuu ja toimii jumalallisen viisauden johdattamana.

Virata, Samadhi, syvän meditaation aikana saavutettu ykseys Jumalan kanssa, kitkee harhan, joka on saanut egoluonteen omaksuneen sielun näkemään aineen eri muotoja ja erilaisia vastakohtien pareja Yhden Todellisen Hengen sijasta.

5. Kashiraja – Arvostelukykyinen Äly (Prajna)

Kashiraja juontaa juurensa sanoista *kāśi*, "loistava, upea, loistelias", ja *rāj*, "vallita, hallita, hohtaa". Tämä merkitsee valon avulla hallitsemista tai hallitsemista upealla tai loisteliaalla tavalla; valo, joka paljastaa substanssin näennäisen takana. Metaforinen johdannainen: *Padārthān kāśyan prakāśayan rājate vibhāti iti* – "Hän, jonka loiste saa muut asiat loistamaan (jotta niiden oikea luonne paljastuu)." Tämä pandavien liittolainen edustaa Patanjalin *prajnaa*, arvostelukykyistä älyä – näkemystä tai viisautta – joka on hengellisen oppilaan pääasiallinen valaistumisen lähde. *Prajna* ei ole vain oppineen älykkyyttä, joka rajoittuu logiikkaan, järkeen ja muistiin, vaan Ylimmäisen Tietäjän jumalallisen kyvyn ilmentymä.

Kashiraja, Arvostelukykyinen Äly, suojelee hengellistä oppilasta virheellisen päättelyn ovelilta ansoilta.

6. Drupada – Äärimmäinen Intohimottomuus (Tivra-samvega)

Drupadan sanskritinkielisten kantasanojen kirjaimellinen käännös on *dru*, "juosta, kiirehtiä", ja *pada*, "tahti, askel". Metaforinen johdannainen: *Drutam padam yasya sa iti* – "Hän, jonka askeleet ovat nopeita tai vauhdikkaita." Implisiittisesti tämä merkitsee häntä, joka etenee nopeasti. Tämä korreloi Patanjalin *tivra-samvegan* kanssa; kirjaimellisesti *tivra* merkitsee "äärimmäistä" ja sanat *sam*, "yhdessä", ja *vij*, "liikkua nopeasti, kiihdyttää".

Sana *samvega* merkitsee myös intohimottomuutta maailmallisia asioita kohtaan ja se on peräisin kiihkeästä halusta vapautua. Tämä intohimoton välinpitämättömyys maailmallisia objekteja ja huolenaiheita kohtaan tunnetaan toisaalla Gitassa nimityksellä *vairagya*. Kuten aiemmin todettiin, Patanjali sanoo, että joogan tavoite on lähimpänä (saavuttavat nopeimmin) heitä, joilla on *tivra-samvegaa*. Tämä äärimmäinen intohimottomuus ei ole kielteistä välinpitämättömyyttä eikä luopumisesta seuranneen köyhyyden kurjuutta. Sanan merkitys pikemminkin käsittää sellaisen kiihkeän omistautumisen hengellisen tavoitteen saavuttamiseksi – tunne, joka yllyttää hengellisen tien kulkijan myönteiseen toimintaan ja henkiseen keskittymiseen – jossa kaipuu maailmallisuutta kohtaan muuntuu luonnollisesti Jumalaa kohtaan tunnetuksi tyydyttäväksi kaipaukseksi.

Drupada, Äärimmäinen Intohimottomuus, tukee hengellistä oppilasta taistelussa aineeseen kiintymisen voimakasta armeijaa vastaan, sillä tuo sotajoukko pyrkii harhauttamaan hänet syrjään hengellisestä tavoitteestaan.

Joogan kahdeksanvaiheisen olemuksen sisäinen herättäminen

Seuraavat pandavien liittolaiset edustavat joogan perusteita. Nämä *yogangat* eli joogan haarat ovat tulleet tunnetuiksi Patanjalin Kahdeksanvaiheisena Joogan Polkuna. Ne on numeroitu *Joogasutrien* kohdassa II:29: *Yama* (moraalinen käytös, moraalittomien tekojen kaihtaminen), *niyama* (uskonnollinen kuuliaisuus), *asana* (oikea asento kehon ja mielen hillitsemiseksi), *pranayama* (*pranan* eli elämänvoiman kontrollointi), *pratyahara* (mielen sisäänpäin kääntäminen), *dharana* (keskittyminen), *dhyana* (meditaatio) ja *samadhi* (jumalallinen yhteys).

Näin voimme jatkaa metafyysisten sotilaiden kuvailua:

7. Dhrishtaketu – Henkisen Vastarinnan Voima (Yama)

Sanskritin kantasana *dhriş* merkitsee "olla peloton ja rohkea; uskaltaa hyökätä". *Ketu* puolestaan tarkoittaa "päällikkö, johtaja", mutta myös "kirkkaus, selkeys, äly, arvostelukyky". Metaforinen johdannainen: *yena ketavaḥ āpadaḥ dhṛṣyate anena iti* – "Hän, jonka arvostelukykyinen äly kukistaa vaikeudet." Kohde, johon Dhrishtaketu suuntaa voimansa, löytyy niin ikään hänen nimestään. Pelottoman ja uskaliaan lisäksi *dhrishta* merkitsee myös "irstasta". Dhrishtaketu edustaa hengellisen oppilaan sisäistä voimaa, jonka oikeaan osunut arvio sallii rohkean hyökkäyksen – eli voimaa henkiseen vastarintaan – moraalittomaan käytökseen johtavia pahoja taipumuksia vastaan. Niinpä se edustaa Patanjalin *yamaa*, moraalista käytöstä. Tämä Kahdeksanvaiheisen Polun ensimmäinen etappi koostuu suurelta osin asioista, joita ei tulisi tehdä – ei saa vahingoittaa muita, ei saa olla valheellinen, ei saa varastaa, ei saa olla siveetön, ei saa olla ahne. Ymmärrettynä täydessä merkityksessään nämä kiellot käsittävät moraalisen käytöksen kokonaisuudessaan. Niitä noudattamalla joogi välttää tärkeimmät tai perustavimmat vaikeudet, jotka estävät häntä edistymästä matkalla Itse-oivallukseen. Moraalisten käytössääntöjen rikkominen ei aiheuta ainoastaan välitöntä kärsimystä, vaan myös pitkäkestoisia karmaan liittyviä vaikutuksia, jotka sitovat hengellisen tien kulkijan kärsimykseen ja kuolevaisten rajoituksiin.

Dhrishtaketu, Henkisen Vastarinnan Voima, taistelee sellaisia mielihaluja vastaan, jotka houkuttelevat rikkomaan hengellisiä lakeja, ja auttaa neutralisoimaan menneiden virheiden aiheuttamaa karmaa.

8. Shaibya – Henkisen Kuuliaisuuden Voima (Niyama)

Shaibya, usein kirjoitettu *Shaivya*, liittyy Shivaan, joka puolestaan juontuu sanskritin kantasanasta *śī*, "missä kaikki on". Shiva merkitsee myös "suotuisa, hyväntahtoinen, onnellinen, hyvinvointi". Shaibyan metaforinen johdannainen kuuluu: *Śivaṁ maṇgalaṁ tat-sambandhī-yam iti maṇgala-dāyakaṁ* – "Hän, joka on kuuliainen hyvyydelle ja suotuisalle – sille, mikä johtaa omaan hyvinvointiin." Shaibya korreloi Patanjalin *niyaman* eli uskonnollisen kuuliaisuuden kanssa. Se edustaa hengellisen tien kulkijan voimaa pitäytyä *niyaman* säännöstössä eli kehotuksissa: kehon ja mielen puhtaudessa, tyytyväisyydessä missä tahansa olosuhteissa, itsekurissa, itsetutkiskelussa (mietiskelyssä) ja omistautumisessa Jumalalle.

Shaibya, Henkisen Kuuliaisuuden Voima, antaa joogin käyttöön myönteisen hengellisen itsekurin armeijan, jolla kukistaa ilkeät kurjuutta aiheuttavat pahojen tapojen pataljoonat ja vaikuttaa menneisyydestä peräisin olevaan pahaan karmaan.

Yama-niyama on perusta, jolle joogi alkaa rakentaa hengellistä elämäänsä. Ne saattavat kehon ja mielen sopusointuun luonnon eli luomakunnan jumalallisten lakien kanssa. Lisäksi ne tuottavat sisäistä ja ulkoista hyvinvointia, onnellisuutta ja voimaa, joka saa hengellisen tien kulkijan harjoittamaan syvällisemmin hengellisiä käytäntöjä ja tekevät hänestä vastaanottavaisemman gurun osoittaman *sadhanan* (hengellisen polun) siunauksille.

9. Kuntibhoja – Oikeanlainen Asento (Asana)

Kuntibhojan jälkimmäinen osa *bhoja* juontuu kantasanasta *bhuj*, "ottaa haltuun, hallita". Kuntibhoja on Kuntin adoptioisä. Metaforinen johdannainen: *Yena kuntiṁ kunā āmantraṇā daiva-vibhūtī ākarṣikā śaktiṁ bhunakti pālayate yaḥ saḥ* – "Hän, joka ottaa hengellisen voiman – Kuntin – haltuunsa ja tukee sitä; mainittu voima kutsuu jumalallisia voimia ja tuo ne kutsujan luo." Kunti on Pandun vaimo ja kolmen vanhimman pandavapojan – Yudhisthira, Bhima ja Arjuna – äiti ja nuorempien kaksosten – Nakula ja Sahadeva – äitipuoli. Hänellä oli voima kutsua jumalia (kosmisia luovia voimia) ja sillä keinoin nämä viisi poikaa syntyivät. Metaforisesti Kunti (sanasta *ku*, kutsua) on hellittämättömän hengellisen oppilaan hengellinen voima kutsua *sadhanansa* avuksi luovaa elämänvoimaa. Kunti edustaa (Drupadan tavoin) oppilaan intohimottomuutta maailmaa kohtaan ja kaipuuta Jumalaan, mikä meditaatiossa kääntää ulospäin virtaavan elämänvoiman suunnan ja saa sen tiivistymään sisäisesti. Kun elämänvoima ja tietoisuus yhdistyvät Panduun, *buddhiin* (arvostelukyky), hienopiirteisissä selkärankakeskuksissa sijaitsevat *tattvat* eli elementit (jotka ovat syntyneet kehon mikroskooppisissa kohdissa eli keskuksissa makrokosmisten eli universaalien luovien voimien tuloksina) ilmenevät joogille (eli Kunti synnyttää ne).

Kuntibhoja edustaa Patanjalin *asanaa*, taitoa, joka juontuu kehon tasapainosta ja hallitsemisesta, sillä oikea asento on oleellista joogille, joka pyrkii kontrolloimaan elämänvoimaa. Samoin kuin Kuntibhoja "adoptoi ja kasvatti" Kuntin, *asana* "tukee" kykyä herättää jumalallinen elämänenergia valmistauduttaessa harjoittamaan *pranayamaa* eli elämänvoiman kontrollointia (joka seuraa *asanaa* Kahdeksanvaiheisella Polulla).

Asana määrittää joogameditaatiolle tarpeellisen oikeanlaisen asennon. Vaikka monenlaisia muunnelmia on kehitetty, olennaisimpiin perusasioihin kuuluu vakaa keho ja pystysuora selkäranka, leuka maanpinnan suuntaisesti, hartiat takana, rintakehä ulkona, vatsa sisällä ja silmät keskittyneinä *Kutas-tha*-keskukseen kulmakarvojen välissä. Kehon pitää pysyä paikoillaan liikkumattomana ja täysin rentona. Hallittuna oikeasta asennosta eli *asanasta* tulee Patanjalin mukaan "vakaa ja miellyttävä". Se suo kehonhallintaa ja henkistä ja fyysistä tyyneyttä, jolloin joogi voi halutessaan meditoida tuntikausia uupumatta tai tuntematta levottomuutta.

Niinpä onkin ilmeistä, miksi *asana* on oleellista elämänvoiman kontrolloinnille: Se tukee sisäistä välinpitämättömyyttä kehon tarpeita kohtaan sekä kiihkeää voimaa, jota tarvitaan herättämään elämänenergia avuksi käännettäessä tietoisuus sisäänpäin, kohti Hengen maailmaa.

Kuntibhoja, Oikeanlainen Asento, tarjoaa fyysistä ja henkistä rauhallisuutta, joka on välttämätöntä taisteltaessa kehon taipumusta laiskuuteen, levottomuuteen ja lihaan kiintymistä vastaan.

10. Yudhamanyu – Elämänvoiman Hallinta (Pranayama)

Sanoista *yudh*, "taistella", ja *manyu*, "innokas mieliala, kiihkeys". Yudhamanyu merkitsee "häntä, joka taistelee palavalla kiihkeydellä ja päättäväisesti". Metaforinen johdannainen: *Yudhaṁ caitanya-prakāśayitum eva manyu-kriyā yasya saḥ* – "Hän, jonka pääasiallinen tehtävä on taistella ilmentääkseen jumalallista tietoisuutta." Elämänvoima on side aineen ja Hengen välillä. Ulospäin virratessaan se paljastaa petollisen houkuttelevan aistimaailman; sisäänpäin käännettynä se vetää tietoisuutta ikuisesti tyydyttävään Jumalan autuuteen. Meditoiva hengellinen oppilas istuu näiden kahden maailman välissä ja pyrkii pääsemään Jumalan valtakuntaan, mutta on kiinni aistien taistelussa. Pranayaman tieteellisen tekniikan [kuten *kriya*-joogan] avulla joogi on lopulta voittava, kun hän kääntää ulospäin virtaavan elämänenergian suunnan; aiemmin elämänenergia ulkoisti hänen tietoisuutensa, koska se oli kiinni hengityksessä sekä sydämen ja aisteihin kietoutuneiden elämänvirtojen toiminnoissa. Hän saapuu luonnolliseen ja tyyneen sielun ja Hengen valtakuntaan.

Yudhamanyu, Elämänvoiman Hallinta, on korvaamaton sotilas pandava-armeijassa, joka riisuu sokean mielen aistiarmeijan aseista ja tekee sen voimattomaksi.

11. Purujit – Sisäänpäin Kääntyminen (Pratyahara)

Kirjaimellisesti käännettynä purujit merkitsee "monien kukistamista" ja se

juontaa kantasanoista *puru* (kantasana *pṛī*), "monta", ja *jit* (kantasana *ji*), "ku-
kistaminen, poistaminen (meditaatiossa)". Metaforinen johdannainen: *Paurān
indriya-adhiṣṭhātṛ-devān jayati iti* – "Hän, joka on valloittanut aisteja hallitse-
vien astraalivoimien linnakkeet." Sanskritin sana *pur* (kantasana *pṛī*) tarkoittaa
"linnaketta" ja viittaa tässä mielen aistilinnoituksiin (*manas*) ja aistielimiin, joi-
den toimintaa hallitsee hienopiirteisissä aivo- ja selkärankakeskuksissa sijait-
sevat astraalivoimat. Sanskritinkielinen kantasana *ji* merkitsee "alistaa, hallita".
Purujit merkitsee siis Gitan kontekstissa sitä, joka alistaa tai hallitsee kehon
aistilinnakkeiden aistisotilaita. Näin ollen Purujit edustaa Patanjalin *pratyaha-
raa*, tietoisuuden vetämistä pois aisteista, joka on seurausta onnistuneesta *pra-
nayaman* eli elämänvoiman (astraalivoimien) hallinnan harjoittamisesta; tuo
voima elävöittää aistit ja vie niiden viestit aivoihin. Kun hengellisen tien kulkija
on saavuttanut *pratyaharan*, elämä poistuu aisteista ja mieli ja tietoisuus hiljen-
tyvät ja kääntyvät sisäänpäin.

Purujit, Sisäänpäin Kääntyminen, antaa joogille henkisen tyyneyden
mahdollistamaa vakautta ja estää ennen syntymää muodostuneita aistiarmei-
jan tapoja aiheuttamasta mielen äkillistä hajaannusta aineelliseen maailmaan.

12. Saubhadra eli Subhadran Poika (Abhimanyu) – Itsehallinta (Samyama)

Subhadra on Arjunan vaimo. Heidän poikansa nimi on Abhimanyu, joka
juontuu sanoista *abhi*, "intensiivisesti; kohti, sisään", ja *manyu*, "henki, mieliala,
mieli; into". Abhimanyu edustaa intensiivistä mielentilaa (ihmisen hengellistä
mielentilaa eli *bhavaa*), jossa tietoisuus vedetään "kohti" tai "sisään" yhteyteen
keskittymiskohteen kanssa, mikä suo täydellisen itsehillinnän tai itsehallinnan.
Patanjali viittaa tähän *Joogasutrien* kohdassa III:1–4 nimellä *samyama*, joka on
Kahdeksanvaiheisen polun kolme viimeistä askelta käsittävä kattotermi.

Ensimmäiset viisi askelta ovat joogan valmistavat perusteet. *Samyama* tulee
sanoista *sam*, "yhdessä", ja *yama*, "pitäminen" ja koostuu mystisestä kolmikosta,
dharanasta (keskittyminen), *dhyanasta* (meditaatio) ja *samadhista* (jumalalli-
nen yhteys); tämä on varsinaista joogaa. Kun mieli on vetäytynyt aistihäiriöistä
(*pratyahara*), *dharana* ja *dhyana* tuottavat yhteisesti *samadhin* eri tasoja: eks-
taattisen oivalluksen ja lopulta jumalallisen yhteyden. *Dhyana* eli meditaatio on
vapautuneen huomiokyvyn keskittämistä Henkeen. Se sisältää meditoijan, me-
ditaatioprosessin tai -tekniikan sekä meditoinnin kohteen. *Dharana* on keskitty-
mistä tai kiinnittymistä tuohon sisäiseen käsitteeseen tai meditaation kohteeseen.

Tällaisen mietiskelyn tuloksena havaitaan Jumalallinen Läsnäolo, ensin sisäisesti, minkä jälkeen havainto kehittyy kosmiseksi käsitteeksi – näin tajutaan Hengen valtavuus, sen läsnäolo kaikkialla luomakunnassa ja sen tuolla puolen. *Samyaman* itsehallinnan kulminaatiopiste koittaa, kun meditoija, meditaatioprosessi ja meditoinnin kohde tulevat samaksi – kun oivalletaan täysin ykseys Hengen kanssa.

Gitan tekstin viittaus Abhimanyun äidinnimeen, Saubhadraan, paljastaa meille Subhadran merkityksen, joka on "kunniakas, loistelias". Näin ollen Abhimanyu on itsehallinta, joka tuottaa valoa tai valaistusta. Metaforinen johdannainen: *Abhi sarvatra manute prakāśate iti* – "Hän, jonka intensiivisesti keskittynyt mieli loistaa kaikkialle", eli valaisee tai paljastaa kaiken; ilmentää Itse-oivalluksen valaistunutta tilaa.

Abhimanyu, Itsehallinta, on mahtava pandavasoturi, jonka voitot sallivat joogin torjua levottoman ja harhaisen egon, aistien ja tapojen ohjaaman tietoisuuden hyökkäykset ja pysytellä näin aina vain kauemmin jumalallisessa sielutietoisuuden tilassa – sekä meditaation aikana että sen jälkeen.

13. Draupadin pojat – Viisi kundaliinin herättämää selkärankakeskusta

Draupadi on Drupadan (Äärimmäinen Intohimottomuus) tytär. Hän edustaa kundaliinin hengellistä voimaa tai tunnetta, jonka Drupadan jumalallinen kiihkeys ja intohimottomuus nostattaa tai josta se syntyy. Kun kundaliinia kohotetaan ylöspäin, se "vihitään" viiden pandavan (luovat, värähtelevät elementit ja tietoisuus viidessä selkärankakeskuksessa) kanssa ja sitä myötä synnyttää viisi poikaa.[11]

Draupadin pojat ovat viiden avatun tai herätetyn selkärankakeskuksen ilmentymiä – tiettyjä muotoja, valoja tai ääniä, jotka ovat ominaisia kullekin keskukselle – joihin joogi keskittyy hankkiakseen jumalallisen arvostelukyvyn voimaa taisteluun aistimieltä ja sen jälkeläisiä vastaan.

---

11 Paramahansa Yogananda kertoo osan Draupadin tarinasta, joka on esitetty *Mahabharatassa*: "Kuningas Drupada järjesti *svayamvaraksi* kutsutun juhlavan seremonian valitakseen tyttärelleen Draupadille aviomiehen. Drupada asetti ehdoksi, että hänen tyttärensä käden saisi ainoastaan prinssi, joka pystyisi ampumaan tilaisuutta varten tehdyllä jättimäisellä jousella ja osumaan sillä ovelasti piilotettuun, ripustettuun maaliin. Läheltä ja kaukaa saapuneet prinssit yrittivät vuorollaan, mutta eivät onnistuneet edes nostamaan jousta. Arjunalle tehtävä oli helppo. Kun viisi pandua palasi kotiin, heidän Kunti-äitinsä kuuli poikien lähestyvän ja oletti heidän voittaneen rikkauksia. Hän muistutti, että poikien pitää jakaa voittonsa oikeudenmukaisesti. Ja koska äidin sanaa pitää kunnioittaa, Draupadista tuli kaikkien viiden pojan vaimo ja hän synnytti jokaiselle yhden pojan."

Sielua vastustavat
psykologiset voimat

B hagavad Gita – kattava metafyysinen ja psykologinen tutkielma – kuvailee kaikkia kokemuksia, joita hengellinen matkaaja kohtaa matkalla vapauteen. Tähän mennessä olemme keskittyneet lähinnä myönteisiin tiloihin, joita kohti hengellinen matkaaja pyrkii. Seuraavissa säkeistöissä – – varoitetaan kielteisistä tiloista, jotka pyrkivät uhkaamaan hengellisen tien kulkijaa ja yrittävät saada hänet harhautumaan päämäärästään. "Ennalta varoitettu on ennalta aseistettu!" Hengellinen matkaaja, joka ymmärtää kulkemaansa reittiä ei milloinkaan koe epävarmuutta eikä lannistu väistämättömien vaikeuksien edessä.

❖ ❖ ❖

[Bhagavad Gitan ensimmäisen luvun säkeistöissä 8–9 Duryodhana (Aineellinen Mielihalu) kertoo luottavansa, että seuraavat liittolaiset auttavat häntä pitämään kehon valtakunnan hallussaan:]

"Nämä soturit ovat sinä itse (Drona), Bhishma, Karna ja Kripa – taistelujen voittajat; Ashvatthaman, Vikarna, Somadattan poika, ja Jayadratha.

Ja lukuisia muita sotilaita, kaikki hyvin koulutettuja taisteluun ja varustettu monenlaisin asein, on täällä läsnä ja valmiina uhraamaan henkensä minun vuokseni."

Samoin kuin säkeistöissä 4–6 luetellut pandavat edustavat oivaltamiseen ja Jumal-yykseyteen pyrkivälle joogille välttämättömiä periaatteita, Duryodhanan kahdeksannessa säkeistössä nimeämät kauravat edustavat metaforisesti tiettyjä periaatteita, jotka vastustavat hengellistä edistymistä.

Joogasutrien kohdassa I:24 Patanjali sanoo: "Herra (Ishvara) on *kleshan* (vaikeuksien), *karman* (toiminnan), *vipakan* (tapojen) ja *ashayan* (mielihalun) tavoittamattomissa."

Joogasutrien kohdassa II:3 *klesha* eli vaikeudet määritellään viisitahoisiksi: *avidya* (tietämättömyys), *asmita* (ego), *raga* (kiintymys), *dvesha* (vastenmieli-syys), *abhinivesha* (kiintymys kehoon). Koska nämä kahdeksan luomakunnan sisäsyntyistä vikaa eivät kosketa Herraa, myös Jumal-yhteyttä halajavan joogin pitää ensin poistaa nämä hengellisen voiton estävät seikat tietoisuudestaan.

❖ ❖ ❖

Kun ego- eli "minä-" tietoisuus on liittoutunut luomakunnan aineellisten voimien kanssa, sillä sanotaan olevan kuusi vikaa (*dosha*): *kama* (himo), *krodha* (viha), *lobha* (ahneus), *moha* (harhaisuus), *mada* (ylpeys) ja *matsarya* (kateus).

[Teoksessa *God Talks With Arjuna* kuvataan kaikkia edellä mainittuja "psykologisia vihollisia" yksityiskohtaisesti. Lisäksi kirjassa kerrotaan jokaisen soturin sanskritinkielisen nimen vastaavuus symboloimansa ominaisuuden kanssa. Seuraavassa esitetään muutamia perusseikkoja hengellisen edistymi-sen pääasiallisista vihollisista:]

Egoismi (Bhishman symboloimana)

Bhishman nimi juontuu sanskritinkielisestä kantasanasta *bhī* tai *bhīṣ*, "pe-lotella". – – Kuvaillussa psykologis-metafyysisessä taistelussa Bhishma-Ego on pandavien väkevin vastustaja, joka herättää suurinta pelkoa selkärangan kes-kuksissa sijaitsevissa hengellisissä voimissa, jotka pyrkivät kääntymään kohti Henkeä perustaakseen uudelleen jumalallisen sielutietoisuuden valtakunnan.

Patanjalin *asmita*, toinen *kleshoista*, juontuu sanskritin sanasta *asmi*, "minä olen", (*as* merkitsee olla). Näin ollen se on egoismia, sama asia kuin allegorinen Bhishma Gitassa – –

Patanjali kuvailee olemisen yksilöllistyneen tuntemuksen kleshaa, seuraa-vasti: "*Asmita* (egoismi) on sitä, että katsoja samastuu näkemiseen käytetty-jen instrumenttien kanssa." Ego on, kun sielu, näkijä, Jumalan kuva ihmisessä, unohtaa todellisen, jumalallisen Itsensä ja samastuu kehon ja mielen havain-nointiin ja toimintaan käyttämien instrumenttien kanssa. Näin *asmita* on tie-toisuus, jossa katsoja (sielu tai sen pseudoluonne, ego) ja hänen arvosteluky-kyiset voimansa ovat läsnä ikään kuin yhtenä, jakamattomana samana.

Tämän samastumisen myötäsyntyisen tietämättömyyden tai valaistu-misen aste riippuu instrumenttien luonteesta, joiden kautta "minuus" tai yksilöllisyys ilmenee. Samastuessaan karkeiden aistien ja niiden kohteiden (fyysisen kehon ja aineellisen maailman) kanssa, "minuus" muuttuu viisautta tuhoavaksi fyysiseksi egoksi. Samastuessaan astraalikehon hienopiirteisten havainnoinnin ja tiedon instrumenttien kanssa "minuus" muuttuu selkeämmäksi tietoisuudeksi olemisesta, astraaliegoksi, jonka todellinen luonto saattaa kärsiä fyysisen luonnon petollisesta vaikutuksesta tai päinvastoin se voi virittäytyä samalle taajuudelle kausaalikehon viisaustietoisuuden instrumentaalisuuden kanssa, jolloin siitä tulee arvostelukykyinen ego.

Kun "minuus" ilmenee pelkästään puhtaan intuitiivisen viisauden kautta, kausaalikehon instrumentin avulla, siitä tulee puhdas arvostelukykyinen ego (jumalallinen ego) tai sen ylevin ilmentymä, sielu, yksilöllistynyt heijastuma Hengestä. Sielu, puhtain yksilöllistynyt tuntemus olemisesta, tietää kaikkitietävän ja kaikkialla läsnä olevan Henki-identiteettinsä ja käyttää kehon ja mielen instrumentteja ainoastaan kommunikaatioon ja kanssakäymiseen objektivoidun luomakunnan kanssa. Siksi hindujen pyhissä kirjoituksissa sanotaan: "Kun tämä "minä" kuolee, silloin saan tietää, kuka olen."

Käsillä olevassa säkeistössä kuvaillaan kaurava-armeijan sisäisiä metafyysisiä voimia. Tässä kontekstissa Bhishma-Ego-Tietoisuus ilmenee astraali- eli sisäisesti näkevänä egona: tämä tietoisuus samastuu aistimielen (*manas*), älyn (*buddhi*) ja tunteen (*chitta*) hienopiirteisten instrumenttien kanssa. Tässä vaiheessa hengellisen tien kulkijan edistymistä astraali- eli sisäisesti näkevä ego on aistimielen voimakkaan ulospäin vetävän vaikutuksen alaisena, eli se on liittoutunut kurujen kanssa. *Samadhin* voitossa tämä "minuus" (*asmita*), sisäisesti näkevä ego, muuttuu transsendentimmaksi astraali- ja kausaalikehoinstrumenttien arvostelukykyisenä egona ja lopulta puhtaana yksilöllistyneenä käsityksenä olemisesta, sieluna.

❖   ❖   ❖

Bhishma (*asmita* eli harhasta syntynyt egotietoisuus) on aistiarmeijan ylipäällikkö. Bhishman eli egon tai pseudosielun tehtävä on pitää tietoisuus jatkuvasti kiireisenä sensoristen raporttien ja aktiviteettien parissa suuntaamalla huomiokyvyn valonheitin ulospäin kehoon ja aineelliseen maailmaan sen sijaan, että se olisi suunnattu sisäisesti Jumalaan ja todelliseen sieluolemukseen. Tämä harhainen, lihaan sidottu tietoisuus on vastuussa lukemattomien, ihmiskehossa majailevien houkutus- ja kiintymyssotilaiden havahduttamisesta.

Ilman egotietoisuutta koko pahuuden ja houkutusten armeija katoaa kuin unohtunut uni. Jos sielu oleilisi kehossa samastumatta siihen, kuten pyhimysten sielut tekevät, mitkään houkutukset tai kiintymykset eivät voisi pitää sitä sidottuna kehoon.

Tavallisen ihmisen ongelmat alkavat siitä seikasta, että kun sielu laskeutuu kehoon, se heijastaa yksilöllistynyttä, alati tietoista, aina uudistuvan autuuden luontoaan lihaan ja sen jälkeen samastuu fyysisen hahmon rajoituksiin. Sielu ajattelee silloin itseään lukuisten houkutusten piinaamana surkeana egona.

Sielun samastuminen kehoon on kuitenkin vain kuvitteellista, ei todellista. Sielu on pohjimmiltaan ikuisesti puhdas. Tavalliset kuolevaiset sallivat sielunsa elää lihaan juuttuneina egoina, eivätkä Hengen heijastumina eli todellisina sieluina.

Kama (Himo) – Duryodhanan symboloimana (Aineellinen Mielihalu)

Ego on naamioitunut ja esiintyy ihmisen tarpeita täyttävänä toimijana ja houkuttelee tuossa ominaisuudessa ihmistä halajamaan jatkuvasti häntä tyydyttäviä asioita, mikä johtaa kärsimykseen ja uupumukseen. Sielua tyydyttävä unohtuu, ja ego pyrkii loputtomasti sammuttamaan sammumattomat mielihalunsa. Näin ollen *kama* (himo) on tuo pakottava tarve antautua aistillisille houkutuksille.

Pakottava aineellinen mielihalu saa aikaan ihmisen väärät ajatukset ja teot. Himokas mielihalu on ihmisen arkkivihollinen, sillä se toimii vuorovaikutuksessa muiden voimien kanssa, jotka estävät hänen jumalallista luontoaan toteutumasta; mielihalu vaikuttaa näihin voimiin ja nämä voimat vaikuttavat siihen. Duryodhana on täydellinen esimerkki, sillä hänen haluttomuutensa luopua edes tuumasta aistivaltakuntaa tai nautintoa aiheutti Kurukshetran sodan. Pandavat pystyivät ainoastaan ankaralla päättäväisyydellä ja silloinkin vain vähän kerrassaan valloittamaan valtakuntansa takaisin.

Muiden kauravien voimien tukema *kama* eli himokas mielihalu voi turmella ihmisen aisti-instrumentit ja saada ne ilmentämään vain kaikkein perustavimpia viettejä. Hindujen pyhissä kirjoituksissa opetetaan, että *kaman* voimakkaan vaikutuksen alaisena tervejärkiset, oppineet ihmiset saattavat käyttäytyä kuin aasit, apinat, vuohet tai siat.

Himo saa aikaan minkä tahansa tai kaikkien aistien väärinkäyttöä nautinnon tai täyttymyksen toivossa. Näköaistin välityksellä ihminen voi himoita

Pranayaman voima hengellisen taistelun voittamisessa

[Ensimmäisen luvun 10. säkeessä Duryodhana / Aineellinen Mielihalu –
tietämättömyyden voimien komentaja – julistaa:]

"Bhishman suojelemat joukkomme ovat rajattomat (mutta saat-
tavat silti olla vaillinaiset), kun taas heidän Bhiman suojaama
armeijansa on rajallinen (mutta sangen pätevä)."

Duryodhana – Aineellinen Mielihalu – tietää, että hänen valtakuntansa
joutuu vakavasti uhatuksi, kun määrätietoinen hengellisen tien kulkija alkaa
koota sisäistä hengellistä armeijaansa harjoittamalla meditaatiota. Bhima,
sielun ohjaama elämänvoima, on tuon armeijan tärkein kenraali, sillä elä-
mänvoima on yhteys aineen ja Hengen välillä; minkäänlainen oivaltami-
nen ei ole mahdollista ennen kuin tämä energia otetaan haltuun ja kään-
netään kohti Henkeä.

Kun meditoiva hengellisen tien kulkija oppii oikeanlaiset *pranayama*-tek-
niikat [kuten *kriya*-joogan], sisäänpäin käännetty elämänvoima ja sen ai-
kaansaamana elämän sekä hengityksen kontrollointi, johtavat voittoisan
joogin jumalalliseen tietoisuuteen – – Kun elämänvoima suljetaan aistieli-
mistä, havainnot aineellisesta eivät voi saavuttaa aivoja ja kääntää meditoi-
jan huomiota Jumalasta. Siksi Bhima, elämänvoiman hallinta, sekä muuta-
mat muut väkevät soturit – keskittyminen, intuitio, sisäinen havaintokyky,
tyyneys, itsehillintä ja niin edelleen (kuten kuvailtu säkeistöissä 4–6) – pi-
tää herättää taisteluun pseudosielun eli egon joukkoja vastaan.

Bhima eli sielun ohjaama elämänvoima johtaa hengellistä armeijaa ja on
Bhishman eli egon päävastustaja, sillä kun elämänvoiman hallinnalla pysäy-
tetään viiden aistin hyökkäys, sielu vapautuu automaattisesti kehoon samas-
tuneen egotietoisuuden vankeudesta. Tietoisuuden ylipäällikkyyden takai-
sin vallannut sielu sanoo: "En ollut koskaan muuta kuin riemukas Henki;
minä vain hetken kuvittelin olevani kuolevainen ihminen, joka on harhais-
ten rajoitteiden ja aistihoukutusten vankina."

Tämä sielun "havahtuminen" eli Itse-oivallus ilmenee ensin väliaikaisena
tietoisuutena syvän meditaation aikana koetussa *samadhissa*, kun onnistu-
neen *pranayaman* ansiosta elämänvoimaa hallitaan ja elämä ja tietoisuus
käännetään aisteista kohti jumalallista, sisäistä sielu- ja Jumal-tietoisuutta.
Kun joogin *samadhi*-kokemukset syvenevät ja laajentuvat, tästä oivalluk-
sesta tulee tietoisuuden pysyvä tila.

Samadhin eli Jumal-ykseyden saavuttaminen on ainoa metodi, jolla ego-
tietoisuus voidaan kukistaa täydellisesti.

aineellisia esineitä, kuuloaistin kautta hän janoaa imartelun makeaa, hidasta myrkkyä, ja äänten ja musiikin värähtely herättää aineeseen suuntautuvan luonnon. Hajuaistin himokkaan nautinnon vuoksi ihminen suuntautuu vääriin ympäristöihin ja tekoihin, kun taas ruoan ja juoman makunautinnot maksavat hänelle terveyden. Kosketusaistin kautta hän janoaa ylettömästi fyysisiä mukavuuksia ja käyttää väärin luovia seksuaali-impulssejaan.

Himo etsii täyttymystään myös vaurauden, aseman, vallan ja hallinnan kautta – kaiken, mikä tyydyttää egoistisen ihmisen "minä, minun, minulle" -asennetta.

Himokas mielihalu on egoismia, joka on ihmisen luonteen kehityksen tikkaiden alin puola. Kyltymättömän intohimon voimalla *kama* rakastaa tuhota ihmisen onnen, terveyden, aivotoiminnan, selkeän ajattelun, muistin ja arvostelukyvyn.

Tapojen hyvät ja pahat voimat (Dronan symboloimana)

Ihminen oivaltaa kovin harvoin, että hänen terveytensä, menestyksensä ja viisautensa riippuvat suurelta osin taistelusta hyvien ja pahojen tapojen välillä. Joka mielii sielun vallitsevan sisäisesti, ei saa päästää kehon valtakuntaan pahoja tapoja. Kaikki pahat tavat pitää karkottaa harjoittamalla erilaisia hyviä tapoja voitokkaan psykologisen sodankäynnin taidon mukaisesti.

❖ ❖ ❖

Nimi Drona juontuu sanskritin kantasanasta *dru*, "sulattaa". Niinpä Drona merkitsee implisiittisesti "se, joka pysyy sulaneessa olomuodossa". Kerran ajateltu ajatus tai tehty teko eivät lakkaa olemasta, vaan ne pysyvät tietoisuudessa hienovaraisessa tai "sulaneessa" muodossa, aivan kuten vaikutelmana karkeammasta ajatuksen tai teon ilmauksesta. Noita vaikutelmia kutsutaan nimellä *samskara*. Ne luovat voimakkaita sisäisiä tarpeita, taipumuksia tai alttiutta, jotka vaikuttavat älyyn siten, että ne yllyttävät toistamaan ajatuksia ja tekoja. Usein toistettuna sellaiset impulssit muuttuvat pakonomaisiksi tavoiksi. Näin ollen voimme tässä yhteydessä yksinkertaistaa *samskaran* käännöksen "sisäiseksi taipumukseksi, yllykkeeksi tai tavaksi". Ylimmäinen opettaja Drona symboloi *samskaraa*, laajasti määriteltynä sisäistä taipumusta tai tapaa.

Mahabharatan historiallisen tarinan mukaan Drona oli mestarillinen yliopettaja, joka oli opettanut jousiammuntaa sekä kuruille että pandaville. Taistelun aikana Drona asettui kuitenkin kurujen puolelle.

Sekä sielun puhtaan älyn (*buddhin*) hyvät, arvostelukykyiset ominaisuudet että aistimielen (*manasin*) pahat, henkiset taipumukset ovat saaneet oppia sodankäynnissä käytettävien, sielun paljastavan viisauden ja totuuden sumentavan aistitietoisuuden, aseiden käyttöä Sisäiseltä Taipumukselta, Dronalta. Jos ihmisen *samskaroiden* alitajuiset yllykkeet ovat hyviä, ne auttavat luomaan nykyisiä hyviä ajatuksia, tekoja ja tapoja. Kun nämä sisäsyntyiset yllykkeet ovat pahoja, ne nostattavat ilkeitä ajatuksia, jotka vuorostaan muuttuvat pahoiksi teoiksi ja tavoiksi. Aivan kuten lintu kääntää päätään keskittääkseen yhden silmän kerrallaan yhteen kohteeseen, samoin Drona, *samskaroiden* tai tapojen ohjaama älykkyys käyttää yksipuolista näkökykyä ja tukee vallitsevia taipumuksia. Sisäinen yllyke eli Drona liittyy pahojen henkisten taipumusten (kurujen) puolelle, kun nämä hallitsevat ihmistä. Näin ollen tapahtuu, että ellei *samskaraa* eli taipumusta aistitapoihin puhdisteta viisaudella, siitä tulee Duryodhanan eli kuningas Aineellisen Mielihalun seuraaja. Tämän vuoksi käy niin, että hengellisen tien kulkijassa, joka ei ole vielä voittanut Kurukshetran taistelua, Drona eli pahojen tapojen saastuttama äly asettuu kurujen eli pahojen henkisten taipumusten puolelle ja auttaa niitä osumaan lävistävän pahan nuolillaan arvostelukyvyn voimiin.

❖ ❖ ❖

Yhteenvetona voidaan siis todeta, että pääasiallinen käytännön pahuus, joka johtuu egotietoisuudesta ja sen kuudesta viasta, on kasvava tarve unohtaa Itsensä – sielunsa – ja sen ilmaukset, ilmentyminen ja vaatimukset; silloin ihminen jämähtää jääräpäisyyttään tavoittelemaan egonsa kyltymättömiä "välttämättömyyksiä".

Psykologisesti ajatellen egotietoisuus on tunteensiirtoa ja valheellisen persoonallisuuden muokkaamista. On tarpeen ymmärtää ja kitkeä egotietoisuuden ja sen moninaisten taipumusten vastarinta, sillä se estää tuttuuden todellisen Itsen kanssa.

Joogiksi pyrkivän täytyisi aina pitää mielessä kiukustuessaan: "Tuo en ole minä!" Kun himo tai ahneus murtaa hänen itsehillintänsä, hänen pitäisi sanoa itsekseen: "Tuo en ole minä!" Kun viha yrittää hämärtää hänen tosiolemuksensa ilkeän tunteen naamiolla, hänen pitää sanoutua täysin irti sellaisesta ja sanoa: " Tuo en ole minä!" Hän oppii sulkemaan tietoisuutensa kaikki ovet epätoivotuilta vierailijoilta, jotka pyrkivät asettumaan taloksi. Ja aina kun hengellisen tien kulkijaa on käytetty hyväksi tai loukattu, mutta hän tuntee siitä huolimatta sisällään anteeksiannon ja rakkauden pyhän hengen vellonnan, hän voi silloin todenmukaisesti lausua: *"Tuo* olen minä! Tämä on todellinen luontoni."

Joogameditaatio on oman tosiolemuksen tuntemuksen vaalimista ja vakauttamista tiettyjen hengellisten ja psykofyysisten metodien ja lakien avulla, joiden voimalla kapea-alainen ego, viallinen, peritty ihmistietoisuus korvataan sielutietoisuudella.[12]

❖ ❖ ❖

Jokaisen maailmallisen henkilön, moralistin, hengellisen oppilaan ja joogin pitäisi joka ilta ennen yöpuulle käymistä kysyä intuitioltaan, ovatko hänen hengelliset ominaisuutensa vai houkutuksille alttiit fyysiset taipumuksensa voittaneet päivän kamppailut:

- hyvien ja pahojen tapojen välillä
- kohtuuden ja ahneuden välillä
- itsekurin ja himon välillä
- rehellisen rahantarpeen ja ylettömien rikkauksien himon välillä
- anteeksiannon ja vihan välillä
- ilon ja surun välillä
- jurottamisen ja miellyttävyyden välillä
- lempeyden ja julmuuden välillä
- itsekkyyden ja epäitsekkyyden välillä
- ymmärryksen ja mustasukkaisuuden välillä
- urheuden ja pelkuruuden välillä
- itseluottamuksen ja pelon välillä
- uskon ja epäilyksen välillä
- nöyryyden ja ylpeyden välillä
- halun kommunikoida Jumalan kanssa meditoidessa ja maailmalliseen toimintaan tähtäävän levottomuuden välillä
- hengellisten ja aineellisten mielihalujen välillä
- jumalallisen ekstaasin ja aineellisten havaintojen välillä
- sielutietoisuuden ja egoismin välillä

---

12 Herra Krishna kuvailee sielutietoisuuttaan havahduttavan jaloja ominaisuuksia Bhagavad Gitan XVI luvun avaussäkeissä. Ks. s. 144.

Sielun voitto joogan harjoittamisen avulla

[Herra Krishna neuvoo Arjunaa Bhagavad Gitan kohdassa VI:5-6:]

"Anna ihmisen kohottaa itse (egonsa) itsen avulla; älä anna itsen joutua itsensä alentamaksi (vaivutetuksi alakuloon). Totta on, että itse on itsensä ystävä, mutta myös itsensä vihollinen.

"Hänelle, jonka Itse (sielu) on kukistanut itsen (egon), Itse on itsen ystävä; mutta totisesti, Itse käyttäytyy vahingollisesti vihollisen lailla sellaista itseä kohtaan, jota ei ole kukistettu."

Ihmisen aktiivisen tietoisuuden eli fyysisen egon pitäisi kohottaa kehoon samastuneen itsensä ykseyteen sielun kanssa, sen todellisen luonnon kanssa; sen ei pidä sallia itsensä jäävän rypemään alhaiselle ja harhaiselle aistien ja aineen tasolle. Ego toimii itsensä parhaana ystävänä, kun se meditaation avulla ja sielun sisäisiä ominaisuuksia käyttämällä hengellistää itsensä ja viimein saavuttaa oman todellisen sieluluonteensa. Kääntäen, fyysinen ego on itsensä pahin vihollinen, kun harhainen, materialistinen käytös peittää sen todellisen luonteen ikuisesti siunattuna sieluna.

Kun fyysinen ego (aktiivinen tietoisuus) on hengellistetty ja yhdistetty sieluun, se pystyy pitämään älyn, mielen ja aistit hallinnassa ja sielun arvostelukykyisen viisauden ohjaamina – silloin "Itse (sielu) on kukistanut itsen (egon)" – ja sielu on aktiivisen fyysisen tietoisuuden ystävä, opas ja hyväntekijä.

Mutta mikäli alempi ego-itse ei ole hallinnassa ja jos se pitää tietoisuutta itsepintaisesti suunnattuna aineelliseen, sielu on egon vihollinen. Tämä noudattaa Gitan ensimmäisessä luvussa esitettyä allegoriaa: Krishna (sielu) on sekä hengellistä tietä kulkevan Arjunan hengellisten pyrkimysten että jumalallisten ominaisuuksien pandava-armeijan ystävä ja opas; Krishna (sielu) on näin ollen

Duryodhanan materialististen taipumusten kaurava-armeijan vihollinen (vastustaja); tuota armeijaa johtaa Bhishma (ego).

Egolle "vihamielinen" sielu epää rauhan ja kestävän onnen siunauksensa, kun tietämättömyyttään omana vihollisenaan toimiva ego laittaa liikkeelle Luonnon kurjuutta aiheuttavat karman voimat. Ilman sielun suojeluksen etuja *mayan* maailmassa ego huomaa surukseen, että sen omat sielun todellista luontoa vastoin tehdyt teot kääntyvät sitä itseään vastaan kuin bumerangit ja tuhoavat jokaisen uuden illuusion onnesta ja saavutuksista.

Sana *atman* ("itse") esiintyy kaksitoista kertaa näiden kahden ytimekkään säkeen sommittelussa, mikä sallii monitulkintaisen rakenteen, jossa sanan merkitykset "sieluna" tai "egona" (pseudosieluna) ovat keskenään vaihdettavissa – klassinen esimerkki Intian pyhille kirjoituksille niin tyypillisestä kaksijakoisuudesta. Kuten edellä kommentaarissa esitettiin, sanojen *sielu* ja *ego* nokkela rinnastaminen tässä tapauksessa ilmaisee totuuden punaisen langan, joka kulkee läpi koko Gitan kudoksen: Ylevöityköön ihminen eikä alentukoon; muuttakoon ihminen itsensä (egonsa) Itsekseen (sieluksi). Itse on muuntuneen itsen ystävä, mutta muuttumattoman itsen vihollinen.

❖ ❖ ❖

[Sri Krishna jatkaa, VI:46:]

"Joogia pidetään suurempana kuin kehoaan kurittavia askeetikkoja, jopa suurempana kuin viisauden polun tai toiminnan polun seuraajia; ole sinä siis, oi Arjuna, joogi!"

Useista metodeista ja sivupoluista käytetään nimitystä jooga: *Karma*-jooga (hyvien tekojen polku), *jnana*-jooga (arvostelukyvyn polku), *bhakti*-jooga (rukouksen ja antaumuksen polku), *mantra*-jooga (laulamalla ja alkuääniä toistamalla saavutettava Jumal-yhteys), *laya*-jooga (polku, joka opettaa, miten liudentaa ego Äärettömään) ja *hatha*-jooga (ruumiillisen itsekurin polku). *Raja*-jooga, eritoten *kriya*-jooga, on kaikkien joogapolkujen perikuva, ja juuri tätä muotoa suosivat kuninkaalliset viisaat ja muinaisen Intian suurimmat joogit.

Raja-jooga: Korkein polku

Herra Itse ylistää kuninkaallista joogapolkua korkeimmaksi kaikista hengellisistä poluista, ja tieteellinen joogi on suurempi kuin minkään toisen polun seuraaja.

Aito *kriya*-joogan (elämänvoiman hallinta) tie ei ole sivupolku. Se on suoraviivainen valtatie, lyhin reitti jumalalliseen oivallukseen. Se opettaa ihmistä kohoamaan taivaisiin johdattamalla egon, mielen ja elämänvoiman saman selkärankakanavan läpi, jota pitkin sielu alun perin laskeutui kehoon.

Henki on laskeutunut sieluna hienopiirteisten, astraaliaivo- ja selkärankakeskuksien läpi aivoihin ja selkärangan hermokeskuksiin, edelleen hermostoon, aisteihin ja muualle kehoon ja joutunut siellä hämmennyksen valtaan pseudosieluna eli egona. Kehoon samastumisen tilassa ego uppoutuu yhä syvemmälle objektiiviseen maailmaan ja siihen liittyviin osa-alueisiin. Ego täytyy pakottaa nousemaan samaa selkärankapolkua, kunnes se oivaltaa todellisen Itsensä sieluna, joka sitten yhdistyy uudelleen Henkeen.

Joogassa huomautetaan, että tämä selkärankareitti on ainoa suora valtatie, jota kaikkien maan päälle laskeutuneiden kuolevaisten olentojen pitää seurata lopullisessa kohoamisessa vapautumiseen. Kaikki muut polut – ne, joissa painotetaan *tapasyan* (kehollisen tai henkisen itsekurin) harjoittamista tai pyhien kirjoitusten teorian opiskelemista (viisauden hankkiminen arvostelukyvyn avulla) tai hyvien tekojen suorittamista – ovat avustavia polkuja, jotka jossain vaiheessa yhtyvät suoraan vapautumiseen johtavaan käytännöllisen joogan valtatiehen.

Ulkoinen luopuminen, pyhien kirjoitusten tutkiminen sekä palveleminen ovat sivupolkuja

Askeetikko, joka kurittaa kehoaan ja asettaa sen alttiiksi ankaralle puutteelle, saattaa saavuttaa jonkinasteisen hallinnan fyysisestä olemuksestaan, mutta pelkästään asentoja harjoittelemalla, kylmän ja kuuman sietämisellä ja peräänantamattomuudella surujen ja nautintojen edessä – keskittymättä samanaikaisesti Kosmiseen Tietoisuuteen – tulee vain käyttäneeksi kiertotietä Jumal-yhteyteen vaadittavan henkisen kontrollin saavuttamiseksi. Joogi saavuttaa yhteyden Herraan suoraan vetämällä tietoisuutensa pois aisteista ja hermostosta, selkärangasta ja aivoista, ja yhdistämällä sen Jumalan tuntevan sielunsa kanssa. Monet hengellisen tien kulkijat ovat niin uppoutuneita ulkoiseen asketismiin ja luopumiseen, että he unohtavat sellaisen itsensä kurittamisen tähtäävän ekstaasiin Äärettömän kanssa.

Kun pyhiä kirjoituksia tutkiva filosofi pilkkoo järkensä skalpellilla sanoja ja ajatuksia, hän saattaa ihastua niin ikihyviksi teoriatietoon ja viisauden eri osa-alueiden erotteluun, että hän saattaa "kuivahtaa", koska ei koe totuutta jumalallisessa ekstaasissa. Jos joku viettäisi koko elämänsä analysoimalla veden ominaisuuksia ja tutkimalla vettä eri puolilla maailmaa, hän ei niillä keinoin sammuttaisi janoaan. Janoinen ei kiinnitä huomiota atomirakenteisiin vaan ottaa puhdasta vettä ja tyydyttää janonsa juomalla sen. Ulkoisia totuuksia tutkiva *jnana*-joogi – arvostelukykyisen järjen polun seuraaja – voi lukea ja analysoida kaikki pyhät kirjoitukset, mutta hän ei silti sammuta sielunsa janoa.

Teoreettinen tieto kirjoituksista saa usein aikaan käsityksen, jonka mukaan tutkija tietää totuuden, vaikka näin ei ole. Ainoastaan kommunikoimalla Jumalan, "Kaiken Tiedon Kirjaston", kanssa ihminen saa tietää tarkasti kaikki totuudet hukkaamatta aikaa teoreettiseen ymmärrykseen ja kirjoitusten väärinymmärtämiseen. Siksi kirjoitusten tutkijoiden ja totuuden oivaltaneiden välillä saattaa vallita niin suuri kuilu; jälkimmäiset ovat nimittäin pyhien kirjoitusten totuuksien ruumiillistumia itsessään.

Fariseukset olivat valmiita naulitsemaan Kristuksen ristille, sillä heidän pelokkaiden päätelmiensä mukaan Jeesus uhkasi heidän auktoriteettiaan. Hän oli aidosti havainnut totuudet, joista fariseuksilla oli vain teoreettista tietoa.

Lopuksi todettakoon, että joogi on myös suurempi kuin toiminnan polkua seuraava. Lähetyssaarnaaja, sosiaalityöntekijä, hyväntahtoinen, joka noudattaa "kultaista sääntöä", opettaja, joka yrittää neuvoa muille Jumal-yhteyden tekniikkaa – jokainen heistä tekee eittämättä hyviä tekoja. Mutta elleivät he sen lisäksi omistaudu sisäiselle tieteelle, jonka avulla he voivat tuntea Jumalan omakohtaisesti, he jäävät paitsi jumalallista oivallusta.

Sen vuoksi joogi meditoi ja keskittyy ekstaasin tavoittamiseen. Ennen kuin hän saavuttaa tuon sisäisen yhteyden Jumalaan, hän suorittaa velvollisuutensa, mutta ei harhaudu keskittymään moniin ulkoisiin toimiin Herran unohtamisen kustannuksella.

Joogi opettaa ja palvelee muita ylevimmällä mahdollisella tavalla – innoittavalla elämänesimerkillään; esimerkki puhuu aina selkeämmin kuin sanat. Uudista itsesi, niin uudistat tuhannet. Jumalan unohtaminen on synneistä suurin. Yhteys Jumalaan on hyveistä ylin.

Pyhien kirjoitusten ajoittainen tutkiminen yhdistettynä jatkuvaan haluun harjoittaa niistä löydettyjä totuuksia on joogan suosima polku. Myös luopuminen kaikista ajanvietteistä Jumal-yhteyden vuoksi on avuksi. Omien tarpeiden

täyttämiseksi ja muiden palvelemiseksi ja kohottamiseksi suoritetut velvolli-
suudet luovat joogin elämään myönteistä tasapainoa.

Raja-jooga on kaikkien uskonnollisten käytänteiden aito huipentuma

Luopumisen ja viisauden ja toiminnan polkuja voidaan seurata kahdella
tapaa: ulkoisesti ja sisäisesti. Ihminen, joka keskittyy aineellisen hylkäämiseen,
on ulkoinen luopuja. Sen sijaan *tapasvin* [askeetikko], joka tuhoaa kaikki sisäi-
set mielihalut ja kiintymykset ja joka pitää mielensä loitolla aistihoukutuksista,
on esoteerinen luopuja.

Samalla tavoin viisauden polun ulkoinen seuraaja (*jnana*-jooga) käyttää
aikansa ratkaisten pyhien kirjoitusten ongelmia ja analysoimalla sanojen ra-
kenteita. Sen sijaan esoteerinen *jnanin* on Vedanta-filosofian mukaan henkilö,
joka ei ainoastaan kuuntele kirjoitusten totuuksia ja havaitse niiden merkitystä
mielessään, vaan tulee niiden kanssa yhdeksi täydellisen sisäistämisen kautta.
Vedantan tapa hengelliseen oivaltamiseen on siis kuunnella pyhien kirjoitus-
ten totuuksia (*shravanam*), havaita ne (*mananam*) ja tulla niiden kanssa yh-
deksi (*nididhyasanam*).

Hyviä tekoja tekevä on ulkoinen *karma*-joogi. Joogameditaatiota har-
joittava tekee arvokkaimman teon; hän on esoteerinen *karmin*. Sen sijaan
ylintä Jumal-yhteystekniikkaa eli *kriya*-joogaa harjoittava on *raja*-joogi, ku-
ninkaallinen *kriya*-joogi. Hän saavuttaa ylösnousemuksen ja on siten ylim-
pien joogien joukossa.

Kriya-jooga: Raja-joogan oleellinen tekniikka

Lahiri Mahasaya on tulkinnut tämän säkeen toisella tavalla: Kun joogi
harjoittaa *kriya*-joogaa ja vetää mielensä aisteista katkaisemalla elämänvoiman
virran viidestä aistipuhelimesta, hänen sanotaan seuraavan *karma*-joogan pol-
kua; hän on aito *karmin*. Näiden varhaisten Jumal-yhteyden yritysten aikana
joogin pitää suorittaa erilaisia hengellisiä toimia, kuten oikea hengitystekniik-
ka, elämänvoiman hallinta ja häiriötekijöitä vastaan taisteleminen keskitty-
mällä. Siksi sanotaan, että hän seuraa esoteerista *karma*-joogan polkua. Tässä
vaiheessa joogi identifioituu tekoihin; hän on *karmin*.

Kun joogi kykenee näkemään hengellisen valon *Kutastha*- eli Kristus-kes-
kuksessa kulmakarvojen välissä ja hän onnistuu vetämään elämänvoiman pois

viiden aistipuhelimensa hermostosta, hän siirtyy esoteeriseen *tapasya*-tilaan (askeettinen luopuminen). Hänen mielensä on poistunut aisteista, jolloin se oleskelee esoteerisen luopumisen tilassa; hän on *tapasvin*.

Kun joogi pystyy yhdistämään mielensä sielunsa viisauteen ja autuuteen, hänen sanotaan seuraavan esoteerista *jnana*-joogan polkua. Tätä kutsutaan joogin *jnanin*-tilaksi.

Viimeisellä, korkeimmalla asteella, kun sielu on täysin vapaa kehollisesta ja maailmallisesta tietoisuudesta ja se yhdistyy siunattuun Kosmiseen Henkeen, hengellisen tien kulkijaa kutsutaan esoteeriseksi *raja*-joogiksi. Joogan eli sielun ja Hengen yhteyden viimeinen vaihe on ylevin; sen saavuttanut on aito joogi. Hän on saavuttanut korkeammat hengelliset tasot kuin henkilö, joka on noussut vain *tapasviniksi, karminiksi* tai *jnaniniksi*. Aito joogi tuntee Jumalan ikuisesti olemassa olevana, ikuisesti tietoisena, ikuisesti uutena autuutena; hän näkee koko luomakunnan Jumalan unina.

Kriya-joogan polku on erityinen ja tieteellinen, sillä se opettaa täsmällisen metodin mielen vetämiseksi aisteista kytkemällä elämänvoima pois viidestä aistipuhelimesta. Vain sitten, kun tämä sisäänpäin kääntyminen on saavutettu, meditoija pääsee Jumal-yhteyden sisäiseen temppeliin. Toisin sanoen *kriya*-joogan harjoittaminen on varma ja täsmällinen metodi, jolla johtaa mielen lisäksi elämänvoima selkärankakanavaa pitkin sielun kanssa yhteen. Joogi yhdistää silloin sielunsa Henkeen ylimmässä ekstaasissa.

Kriya-jooga, tai siitä pyhissä kirjoituksissa epäsuorasti käytetty nimitys *Kevali Pranayama*[13], on aitoa *pranayamaa*, jossa sisään- ja uloshengitys muunnetaan sisäistetyksi elämänvoimaksi mielen ollessa täydellisesti hallinnassa. Uuttamalla *pranaa* hengityksestä ja neutralisoimalla hengitystä kontrolloivia elämänvirtoja kehon kaikki solut latautuvat uudelleen vahvistuneesta kehon elämänvoimasta ja Kosmisesta Elämästä; fyysiset solut eivät muutu eivätkä rappeudu. *Kriya*-jooga soveltuu jokaiselle vilpittömälle Jumalan etsijälle, joka ei kärsi vakavasta akuutista sairaudesta ja joka noudattaa arkielämässään moraalin pääperiaatteita.[14]

Kaikkien pääuskontojen teologiat sisältävät yhden ja saman perustan – Jumalan löytämisen. Uskonnollinen totuus ilman oivallusta käytännössä on

---

13 Selitetty teoksessa *God Talks With Arjuna*, 4. luku, 29. säkeistö.

14 Yksityiskohtaiset ohjeet *kriya*-jooga tekniikoiden harjoittamiseen saavat *Self-Realization Fellowship Lessons* -opetuskirjeiden opiskelijat, jotka ovat ensin noudattaneet tiettyjä alustavia hengellisiä oppeja. Ks. s. 169.

kuitenkin arvoltaan vaillinainen. Miten sokea voi johdattaa sokeaa? Harvat ymmärtävät Bhagavad Gitaa niin kuin sen kirjoittaja Vyasa ymmärsi sen totuudet! Harvat ymmärtävät Kristuksen sanat niin kuin hän itse ne ymmärsi!

Vyasa, Kristus, Babaji ja kaikki muut täydellisyyden saavuttaneet mestarit näkivät saman totuuden. He kuvailivat sitä eri tavoin ja eri kielillä. Tutkiessani Bhagavad Gitaa ja Uutta testamenttia olen huomannut niiden merkitsevän samaa – –

Ymmärtääkseen täysin Bhagavad Gitaa ja Raamattua hengellisen tien kulkijan pitää oppia menemään ekstaasin tilaan ja kommunikoimaan Vyasan ja Kristuksen kanssa Kosmisessa Tietoisuudessa.

Kuten kaikki colleget kautta maailman opettavat samoja tieteen periaatteita, jotka voidaan todistaa oikeiksi soveltamalla, samoin kaikki aidot uskonnolliset koulut – jos ne seuraisivat joogan polkua – tiedostaisivat, että on olemassa yksi tieteellinen valtatie Äärettömään. Siksi jokaisen ihmisen pitäisi ryhtyä Jumal-yhteyden saavuttaneeksi joogiksi. Bhagavad Gitan tässä säkeistössä Jumalan ääni kaikuu torven lailla kaikille hengellisen tien kulkijoille: Ryhtykää joogeiksi!

Kuningas Sielu hallitsee hengellistyneessä kehon valtakunnassa

Mitä syvempiä joogin meditaatiot ovat ja mitä kauemmin hän pystyy pitämään kiinni havahtuneiden sielun hyveiden jälkivaikutuksista ja ilmaisemaan niitä arkielämässään, sitä hengellistyneemmäksi hänen kehon valtakuntansa muuttuu. Hänen Itse-oivalluksensa myötä voittoisa Kuningas Sielu saa valtakuntansa uudelleen hallintaansa. Tavallisessa ihmisessä tapahtuu hämmästyttäviä muutoksia, kun Kuningas Sielu ja hänen hovinsa jalot jäsenet intuitio, rauha, autuus, tyyneys, itsehillintä, elämänvoiman hallinta, tahdonvoima, keskittyminen, arvostelukyky ja kaikkitietävyys hallitsevat kehon valtakuntaa!

Tietoisuuden taistelun voittanut joogi on kukistanut harhaanjohdetun egon kiintymyksen ihmisten titteleihin, kuten "olen mies, amerikkalainen, painan niin ja niin monta kiloa, kaupungin ainoa miljonääri" ja niin edelleen, ja vapauttanut huomiokykynsä kaiken rajoittavan harhan vankeudesta. Hänen vapautunut huomiokykynsä, joka siihen asti on nähnyt luomakunnan vain aistien rajoittavien, ulkoisten valonheitinten loisteessa, vetäytyy äärettömään valtakuntaan, jonka voi nähdä ainoastaan sisäisen havaintokyvyn valonheittimillä – – Sisäänpäin käännetyt havaintokyvyn valonheittimet paljastavat joogille iäti

kauniin, alati riemukkaan Hengen kätköpaikan kaikkialla luomakunnassa – –
Ihminen, jonka puhtaaseen käteen hänen jumalallinen kehovaltakuntansa
on ojennettu, ei ole enää ihmisolento rajoittuneine egotietoisuuksineen. To-
dellisuudessa hän on sielu, yksilöllistynyt aina oleva, aina tietoinen, aina uusi
Autuus, kosmisella tietoisuudella siunattu Hengen puhdas heijastuma – –
Hän tuntee aidon intuitiivisen voiman avulla alati kuplivan Autuuden,
joka tanssii hänen piskuisen kehonsa jokaisessa hiukkasessa mutta myös hä-
nen jättimäisessä maailmankaikkeuden Kosmisessa Kehossaan, ja hänen ab-
soluuttisessa luonnossaan, joka on yhtä Ikuisen Hengen kanssa ilmenevien
muotojen tuolla puolen – –
Tämä on Itse-oivallusta, ihmisen luonnollinen tila sieluna, Hengen vir-
heettömänä heijastumana. Inkarnaatioiden unet leikkivät yksilöllisyyden pet-
tävällä valkokankaalla, mutta todellisuudessa ihminen ei ole hetkeäkään eril-
lään Jumalasta. Me olemme Hänen ajatustaan; Hän on olemuksemme. Hänestä
me olemme tulleet. Hänessä olemme elävä, Hänen viisautensa, rakkautensa ja
ilonsa ilmentyminä. Hänessä meidän egoismimme pitää jälleen sulaman, ikui-
sesti valveilla olevassa ikuisen Autuuden unettomuudessa.

❖ ❖ ❖

Symbolisesti tulkiten Gitan kohtauksen dialogi kulkee näin: Ihmisen sie-
lutietoisuus – oivallus hänen ykseydestään ikuisen, täydellisen autuaan Hen-
gen kanssa – on laskeutunut erilaisten vaiheiden kautta kuolevaiseen kehotie-
toisuuteen.[15] Aistit ja sokea mieli hallitsevat yhdessä puhtaan arvostelukyvyn
kanssa kehon valtakuntaa; aineelliseen suuntautuneiden aistien voimat (jotka
saavat tietoisuuden tavoittelemaan jatkuvasti ulkoista nautintoa) ja puhtaan
arvostelukyvyn voimat (jotka yrittävät palauttaa ihmisen tietoisuuden sielu-oi-
valluksen luontaiseen olotilaan) ovat jatkuvassa konfliktissa – –
Jokaisen ihmisen on käytävä henkilökohtainen Kurukshetran taistelun-
sa. Se ei ole ainoastaan voittamisenarvoinen sota, vaan universumin sekä sie-
lun ja Jumalan välisen ikuisen suhteen jumalallisen järjestyksen määräämä

---

15 Shantanun ja hänen vaimojensa ja jälkeläistensä symboloimana, kuten mainittu sivulla 6.
Kuten Alkusanoissa sanottua, Gitan monilla säkeistöillä on kirjaimellisen merkityksen lisäksi myös sy-
vempi, symbolinen merkitys. Edellisillä sivuilla avattu symboliikka auttaa lukijaa ymmärtämään monien
säkeistöjen metaforisia merkityksiä luettaessa Toisessa osassa esiteltyä käännöstä. Muut säkeistöt, joita ei ole
selitetty tämän suppeahkon teoksen puitteissa, voidaan ymmärtää helposti kirjaimellisessa mielessä, mutta
niiden kokonaisvaltainen ymmärtäminen vaatii Paramahansa Yoganandan *God Talks With Arjuna* -teok-
sen tutkimista. (*Kustantajan huomautus.*)

kamppailu, joka on pakko voittaa ennemmin tai myöhemmin.

Pyhässä Bhagavad Gitassa sanotaan, että nopeimman voiton saavuttaa hengellisen tien kulkija, joka lannistumattomalla rohkeudella harjoittaa jooga-meditaation jumalallista tiedettä ja oppii Arjunan tavoin kuulemaan Hengen sisäistä viisauden laulua.

TOINEN OSA

---❖◆❖●---

Bhagavad Gita

Alkuperäinen käännös:

Paramahansa Yogananda

---❖◆❖●---

Huomautus: Kautta koko Gitan vuoropuhelun Herra Krishnaan ja hänen opetuslapseensa Arjunaan viitataan lukuisilla eri nimillä, kuten Keshava (Krishna) tai Partha (Arjuna). Jokaisen nimen merkitys selitetään listassa sivuilla 162-163. Syy tietyn nimen käyttämiselle tietyssä säkeistössä (filosofisen näkökannan välittämiseksi) selitetään kunkin säkeistön kommentaarissa teoksessa *God Talks With Arjuna*. (*Kustantajan huomautus*.)

Sanjaya (joka symboloi puolueettoman sisäisen tutkiskelun voimaa) kertoo sokealle kuningas Dhritarashtralle (alempi aistimieli) Kurukshetran sodan tapahtumista – hengellisestä taistelusta aineellisen tietämättömyyden psykologisten sotajoukkojen ja korkeamman, arvostelukykyisen mielen ja sielun sotajoukkojen välillä.

I: Arjunan epätoivo

Hengellisten ja aineellisten
voimien armeijat vastakkain

Dhritarashtra sanoi:

Kurukshetran pyhällä tasangolla (*dharmakshetra kurukshetra*), kun minun jälkeläiseni ja pandujen pojat olivat kokoontuneet yhteen innokkaina taistoon, mitä he tekivät, oi Sanjaya?   1

Sanjaya sanoi:

Silloin kuningas Duryodhana, nähtyään pandavien armeijan taistelumuodostelmassa, meni yliopettajansa (Drona) luo ja lausui näin: 2

Oi Opettaja, katso tätä mahtavaa pandujen poikien armeijaa, jonka on taistelumuodostelmaan järjestänyt lahjakas opetuslapsesi, Drupadan poika.   3

Täällä on läsnä mahtavia sankareita ja hämmästyttäviä jousimiehiä, kuten Bhima ja Arjuna – veteraanisotureita, Yuyudhana, Virata ja Drupada; väkevät Dhrishtaketu, Chekitana ja Kashiraja; merkittäviä miehiä, kuten Purujit ja Kuntibhoja ja Shaibya, vahva Yudhamanyu, uljas Uttamaujas, Subhadran poika ja Draupadin pojat – kaikki mahtavien vaunujen sotaherrat.[1]   4-6

Kuule myös, oi kahdesti syntyneen Kukka (bramiinien parhaimmistoa), armeijani kenraaleista, jotka ovat joukkomme valioita: puhun nyt heistä, jotta saatte tietää.   7

---

1 *Mahāratha*, "mahtava vaunusoturi" (*mahā* sanasta *mahat*, "suuri, ylimysmäinen, kuninkaallinen"; *ratha*, "vaunu, soturi") merkitsee sellaista, joka on äärimmäisen kyvykäs taistelun tieteessä, joka komentaa tuhansien miesten armeijaa ja pystyy yksin taistelemaan kymmentätuhatta jousimiestä vastaan samanaikaisesti.

Nämä soturit ovat sinä itse (Drona), Bhishma, Karna ja Kripa – taistelujen voittajat; Ashvatthaman, Vikarna, Somadattan poika ja Jayadratha.   8

Ja lukuisia muita sotilaita, kaikki hyvin koulutettuja taisteluun ja varustettu monenlaisin asein, on täällä läsnä ja valmiina uhraamaan henkensä minun vuokseni.   9

Bhishman suojelemat joukkomme ovat rajattomat (mutta saattavat silti olla vaillinaiset), kun taas heidän Bhiman suojaama armeijansa on rajallinen (mutta sangen pätevä).[2]   10

Kaikki te, jotka olette oikein sijoitettu asemiinne divisioonissa, suojelkaa Bhishmaa.   11

Patriarkka Bhishma, kurujen vanhin ja väkevin, Duryodhanaa kannustaakseen puhalsi simpukankuoreensa leijonan karjahduksen vakuuttavuudella.   12

Sitten yhtäkkiä (Bhishman avausnuotin jälkeen) mahtava kuoro simpukankuoria, patarumpuja, symbaaleja, pikkurumpuja ja lehmänsarvitorvia alkoi pauhata (kurujen puolelta); meteli oli huikaiseva.   13

Silloin myös Madhava (Krishna) ja Pandava (Arjuna), jotka istuivat suurissa valkoisten hevosten vetämissä vaunuissaan, puhalsivat ylväästi taivaallisiin simpukankuoritorviinsa.   14

Hrishikesha (Krishna) puhalsi Panchajanyaansa; Dhananjaya (Arjuna) Devadattaansa ja hirmuisia tekoja tehnyt Vrikodara (Bhima) puhalsi suureen simpukankuoreensa Paundraan.   15

Kuningas Yudhisthira, Kuntin poika, puhalsi Anantavijayaan, Nakula ja Sahadeva puhalsivat, tässä järjestyksessä, Sughoshaan ja Manipushpakaan.   16

Kashin kuningas, mainio jousimies, Sikhandi, suuri soturi, Dhrishtadyumna, Virata, voittamaton Satyaki, Drupada, Draupadin pojat sekä hampaisiin asti aseistettu Subhadran poika, kaikki puhalsivat

2 Sanskritin sanat *aparyāptaṁ* ja *paryāptaṁ* eivät merkitse ainoastaan rajatonta ja rajallista, vaan myös vastapareja riittämätön tai vaillinainen ja riittävä tai pätevä. Kumpikin käännös on mahdollinen, jos tarkoitus ymmärretään. Yksikin totuuden periaate – ehdoton ja ikuinen – riittää oikein sovellettuna kitkemään kokonaisen lauman pahoja taipumuksia, joiden suhteellinen olemassaolo on riippuvainen harhan hetkellisestä luonteesta.

simpukankuoriinsa, oi Maan Herra.   17–18

Tuo vavisuttava ääni kaikui kautta taivaan ja maan ja lävisti Dhrita-
rashtran klaanin sydämen.   19

Hengellisen tien kulkija tarkkailee vihollisiaan, jotka on tuhottava

Nähdessään Dhritarashtran dynastian valmistautuvan taisteluun
Pandava (Arjuna), jonka lipussa on apinatunnus, kohotti jousensa ja pu-
hui Hrishikeshalle (Krishnalle)   20

Arjuna sanoi:

Oi Muuttumaton Krishna, aseta vaununi kahden armeijan väliin,
jotta voin nähdä taisteluun valmiit osapuolet. Anna minun ottaa selvää
vihollisestani tämän taistelun aattona.   21–22

Simpukankuoritorvien äänen jooginen symboliikka

Näissä säkeistöissä viitataan (pandavien simpukankuorista lähteviin) eri-
tyisiin värähteleviin ääniin, jotka meditoiva hengellisen tien kulkija kuulee
kumpuavan selkärangan ja ydinjatkeen astraalikeskuksista. *Pranava*, luo-
van *Aum*-värähtelyn ääni, on kaikkien äänien äiti. *Aumin* älykäs kosminen
energia, joka on peräisin Jumalalta ja on Jumalan ilmentymä, on kaiken ma-
terian luoja ja rakenne. Tämä pyhä värähtely on linkki aineen ja Hengen
välillä. *Aumin* meditoiminen on keino oivaltaa koko luomakunnan todel-
linen Henki-olemus. *Pranavan* äänen sisäinen seuraaminen sen lähteeseen
kohottaa joogin tietoisuuden Jumalan luo.

Ihmiskehon mikrokosmoksessa *Aum*-värähtely toimii selkärangan
astraalisten elämänkeskusten elämää ylläpitävien aktiviteettien kautta käyt-
täen maan, veden, tulen, ilman ja eetterin luovia värähtelyelementtejä (*tat-
tvat*) näissä keskuksissa. Ihmisen keho luodaan, elävöitetään ja ylläpidetään
näiden värähtelyelementtien kautta. Nämä värähtelyt säteilevät toimiessaan
omanlaisiaan *Pranavan* muunnelmia. Hengellisen tien kulkija, jonka tietoi-
suus virittyy näiden sisäisten astraaliäänten taajuudelle [joogameditaatio-
tekniikoiden avulla] huomaa kohoavansa vähitellen oivalluksen korkeam-
mille tasoille.

Tällä (Kurukshetran) tasangolla haluan tarkkailla kaikkia niitä, jotka halajavat taistella Dhritarashtran ilkeän pojan (Duryodhanan) puolella.

23

Sanjaya sanoi (Dhritarashtralle):

Oi Bharatan jälkeläinen, koska Gudakesha (Arjuna) näin pyysi, Hrishikesha (Krishna) ajoi parhailla vaunuillaan kahden armeijan väliseen pisteeseen Bhishman, Dronan ja kaikkien maan hallitsijoiden eteen ja sanoi sitten: "Katso, Partha (Arjuna), tätä kaikkien kurujen kokoontumista!"   24-25

Partha (Arjuna) katsoi asemastaan – molempien armeijoiden jäseniä – isoisiä, isiä, appia, setiä, veljiä ja serkkuja, poikia ja pojanpoikia, ja myös kumppanuksia, ystävyksiä ja opettajia.   26

Arjuna kieltäytyy taistelemasta

Katsoessaan kaikkia eteensä ryhmittyneitä sukulaisiaan Kuntin poika (Arjuna) koki syvää myötätuntoa ja sanoi apeasti: 27

Oi Krishna, nähdessäni heidät, sukulaiseni, taistelunhalua uhkuen kokoontuneena tänne, raajani pettävät ja suuni kuivuu. Kehoni vapisee ja hiukseni nousevat pystyyn. Pyhä jousi Gandiva kirpoaa otteestani ja ihoni kihelmöi. En pysty enää seisomaan suorassa. Mieleni laukkaa villisti, ja, oi Keshava (Krishna), uumoilen kauhistusten koittavan.   28-30

Oi Krishna, en näe myöskään mitään järkeä sukulaisteni surmaamisessa taistelun tuoksinassa. En halaja voittoa, en kuningaskuntaa enkä nautintoja!   31

Mitä hyötyä meille on vallasta; minkälaista onnea se tuottaa tai miten se edesauttaa edes elämän jatkumista, oi Govinda (Krishna)? Juuri ne, joiden vuoksi janoamme valtakuntaa, huvituksia, nautintoja, ovat täällä taisteluvalmiudessa, valmiina luopumaan omaisuudestaan ja elämästään – yliopettajat, isät, pojat, isoisät, sedät, apet, pojanpojat, lankomiehet ja kaikki muut omaiset.   32-34

Vaikka nämä sukulaiseni yrittäisivätkin tuhota minut, oi Madhusudana (Krishna), silti en haluaisi heitä tuhota, en vaikka sillä keinoin saavuttaisin kolmen maailman hallitsijan aseman; vielä vähemmän tämän

maallisen maan alueen hallinnan vuoksi![3]   35

Minkälaista onnea voimme saada, oi Janardana (Krishna), tuhoamalla Dhritarashtran heimon? Näiden väärintekijöiden surmaaminen syöksisi meidät vain syntien kurimukseen.   36

Niinpä emme ole oikeutettuja hävittämään omia sukulaisiamme, Dhritarashtran jälkeläisiä. Oi Madhava (Krishna), miten muka tulisimme onnellisiksi tappamalla verisukulaisiamme?   37

Vaikka nämä muut (kurut), joiden ymmärryksen ahneus hämärtää, eivät näe mitään vikaa perheiden tuhoutumisessa eivätkä mitään pahaa ystävien välisessä vihanpidossa, eikö meidän pitäisikin osata välttää tätä syntiä, oi Janardana (Krishna) – meidän, jotka selkeästi näemme suvun tuhoutumisen vaarat?   38-39

Suvun tuhoutumisen myötä suvun ikiaikaiset uskonnolliset rituaalit

---

3 "Kolme maailmaa" viittaa kolmijakoiseen maailmankaikkeuteen: kausaaliseen (henkinen), astraaliseen (energia) ja fyysiseen (materia). Jumala loi kaiken aineen mielessään, sitten Hän sai kaikki kausaaliset ideat ilmenemään astraali- eli energiauniversumissa, ja lopulta Hän kokosi astraaliset lifetronit näkyvän maailmankaikkeuden hahmoiksi ja muodoiksi – – Fyysinen maailma ei todellisuudessa ole mitään muuta kuin elotonta ainetta. Sisäsyntyinen kaikkien hahmojen elämä ja eloisuus, atomeista ihmisolentoihin, on peräisin astraalimaailman hienojakoisemmista voimista. Nämä vuorostaan ovat kehittyneet vielä hienojakoisemmasta kausaalisesta eli ideaperäisestä luomakunnasta, Jumalan tietoisuudesta säteilevistä luovista värähtelevistä ajatuksista.

Arjunan epätoivon luonne

Meditaation polkua seuraava hengellisen tien kulkija, jonka toiveena on täydellinen vapautuminen, oivaltaa, että hänen on tuhottava materiaaliset taipumuksensa, koska ne sotivat ylimmäisten sielun nautintojen tavoittelua vastaan. Mutta koska hänellä on pitkä läheinen suhde näihin taipumuksiin, hänestä tulee lannistunut tämän mahdollisuuden edessä ja sanotaan, että hän kokee sympatiaa näitä rakkaita psykologisia sukulaisia kohtaan. Kuka kuolevainen ei tunne tällaista hellää myötätuntoa itseä kohtaan? Loppujen lopuksi, "Tuo on minä; tuollainen minä olen". Mutta Gita puhuttelee oikeaa Itseä, sielua, ja neuvoo hengellisen tien kulkijaa olemaan tuntematta sympatiaa sielua vastustavaa luonteen osaa kohtaan. On hyvä tuntea hyvää itsessään olevasta hyvästä, mutta on pahasta olla pahoillaan sen pahan puolesta, joka tulisi tuhota.

häviävät. Kun uskonnon rakentavat voimat tuhotaan, synti saa otteen
koko suvusta.[4]   40

Oi Krishna, uskonnon puuttuessa suvun naiset harhautuvat. Oi
Varshneya (Krishna), naisten näin saastuessa aviorikoksia tulee tapahtu-
maan kastien välillä.   41

Sukujen veret sekoittava aviorikos tuomitsee tekijöidensä lisäksi ka-
dotukseen myös heidän edustamansa suvut. Heidän esi-isänsä alennetaan
kieltämällä heiltä riisimykyjen ja veden siunaukset.   42

Näiden suvuntuhoajien toimet sekoittavat kasteja, jolloin kastien ja
heimojen ikiaikaiset rituaalit *(dharmat)* hävitetään.   43

Oi Janardana (Krishna), usein olemme kuulleet siitä, miten he, joilla
ei ole suvun uskonnollisia rituaaleja, jäävät varmuudella helvetin tuleen
määräämättömäksi ajaksi.[5]   44

Ja katso! Ahneudesta kuningaskunnan omistamisesta koituvaan hy-
vinvointiin olemme valmiita tappamaan omia sukulaisiamme – teko,
joka saa meidät varmuudella sotkeutumaan suureen vääryyteen.   45

Jos aseistetut Dhritarashtran pojat surmaavat taistelussa minut, joka
olen jo luovuttanut ja aseeton, lopputulos on kannaltani mitä tervetul-
lein ja hyödyllisin!   46

Sanjaya sanoi (Dhritarashtralle):

Arjuna, joka taistelutantereella lausui surun murtamana näin, heitti
pois jousensa ja nuolensa ja istui vaunujensa penkille.   47

Aum, Tat, Sat.

Pyhän Bhagavad Gitan upanishadissa – Herra Krishnan keskustelussa
Arjunan kanssa, joka on joogan pyhä kirjoitus ja Jumal-oivalluksen tiede
– tämä on ensimmäinen luku, jonka nimi on "Arjunan epätoivo joogan
polulla".

---

4 "Suku": erilaiset tietoisuuden ja toimintojen instrumentit ihmisessä, jotka juontuvat niiden esi-isistä
/ "edeltäjistä" Kosmisesta Tietoisuudesta, sielutietoisuudesta, jne. (*Kustantajan huomautus.*)

5 *Narake* (helvetissä) *'niyatam* (*aniyatam*, "määräämättömän ajan / toistaiseksi") *vāso bhavatī* (olla tai
oleskella paikassa tai asumuksessa). Vaihtoehtoinen sanskritinkielinen tulkinta tarjoaa sanan *niyatam*
(varmuudella, väistämättä) sanan *aniyatam* sijasta. Tähän käännökseen sisältyvät molemmat vaihtoehdot.

II: Sankhya ja jooga: Kosminen viisaus ja metodi sen saavuttamiseksi

Herra opastaa hengellisen tien kulkijaa, joka pyytää opastusta

Sanjaya sanoi (Dhritarashtralle):

Madhusudana (Krishna) lausui silloin hänelle, jonka silmät olivat kyynelten sumentamat ja joka oli lannistunut ja säälin valtaama.   1

Herra sanoi:

Miksi olet niin epätoivoinen tällaisella ratkaisevalla hetkellä, oi Arjuna? – käytös ei ole sopivaa arjalaiselle, se on suorastaan häpeällistä ja estää taivaan saavuttamisen.   2

Oi Partha ("Prithan poika", Arjuna), älä vajoa epämiehekkyyteen; se ei sovi lainkaan sinulle. Oi Vihollisten Polttaja, hylkää tuo hauras heikkosydämisyys! Nouse!   3

Arjuna sanoi:

Oi Madhun Surmaaja, oi Vihollisten Tuhoaja (Krishna)! Miten voisin tässä sodassa suunnata nuoleni kohti Bhishmaa ja Dronaa[6] – olentoja, joita pitäisi palvoa!   4

Eläisin mieluummin kerjäläisenä kuin sellaisena, jonka elon on tahrannut yleväsieluisten opettajieni surmaaminen! Jos tuhoan opettajani, jotka halajavat vaurautta ja omaisuutta (aistien kohteita), silloin jokainen nautintoni aineellisesta onnesta täällä maan päällä olisi varmasti

---

6 Symbolisesti ihmisen ego ja taipumukset (ks. s. 41 eteenpäin).

kammottavan veritahrainen!   5

En saata päättää, kumpi olisi parempi – että he kukistaisivat meidät
vai me heidät? Meitä vastassa ovat Dhritarashtran lapset – juuri he, joi-
den kuolema tekisi elämästämme kurjaa!   6

Sisäinen luonteeni on joutunut heikon myötätunnon ja säälin var-
joon, mieleni on hämmentynyt tämän velvollisuuden edessä. Pyydän Si-
nua neuvomaan, mikä polku minun tulisi valita. Olen Sinun opetuslap-
sesi. Opasta minua, joka turvaudun Sinuun.   7

En näe mitään, mikä voisi poistaa sisäisen kärsimykseni, joka takoo
aistejani – en kerrassaan mitään! Edes kilpailijaton ja vauras kuninkuu-
teni tässä maailmassa ja valtani taivaan jumalolentojen yli eivät sitä pois-
taisi!   8

Sanjaya sanoi (Dhritarashtralle):

Puhuttuaan näin Hrishikeshalle (Krishnalle) Gudakesha-Parantapa
(Arjuna) julisti Govindalle (Krishnalle): "En taistele!", ja vaikeni sitten.
9

Oi Bharata (Dhritarashtra), hänelle, joka kahden armeijan välissä
näin murehti, Aistien Herra (Krishna) sanoi ikään kuin hymyillen: 10

Sielun ikuinen ja transsendentti olemus

Siunattu Herra sanoi:

Olet murehtinut niiden puolesta, jotka eivät ole suremisen arvoisia!
Silti lausut perimätiedon mukaisia sanoja. Aidosti viisaat eivät sure elä-
vien eivätkä menehtyneiden puolesta.   11

Minäkin olen aiemmin inkarnoitunut; samoin olet sinä ja kaikki nuo
muut kuninkaalliset! Eikä kukaan meistä lakkaa olemasta tulevaisuudes-
sakaan!   12

Kuten ruumiillistunut Itse kulkee kautta lapsuuden, nuoruuden
ja vanhuuden, samoin se siirtyy toiseen kehoon; viisaat eivät siitä häi-
riinny.   13

Oi Kuntin Poika (Arjuna), ajatukset kuumasta ja kylmästä, nautin-
nosta ja tuskasta, syntyvät siitä, kun aistit havaitsevat kohteensa. Sellaiset

ajatukset ovat alun ja lopun rajoittamia. Ne ovat hetkellisiä, oi Bharatan
Jälkeläinen (Arjuna); suhtaudu niihin kärsivällisesti! 14

Oi Kukka Miesten joukossa (Arjuna)! Hän, jota nämä (aistien kon-
taktit kohteisiinsa) eivät voi järkyttää, joka on tyyni ja tasapainoinen niin
kivun kuin nautinnonkin hetkellä, vain sellainen ihminen pystyy saavut-
tamaan iäisyyden! 15

Epätosi ei ole olemassa. Tosi ei voi olla olematta. Viisaat tietävät lo-
pullisen totuuden näistä molemmista. 16

Opi tuntemaan katoamattomana Yksi, joka on kaiken luonut ja joka
on kaikkialla ja kaikessa. Kenelläkään ei ole voimaa tuhota tuota Muut-
tumatonta Henkeä. 17

Ruumiillisen puvun olemassaolon nähdään loppuvan; sen sijaan Si-
sälläoleileva Itse on muuttumaton, tuhoutumaton ja rajaton. Tämän vii-
sauden voimalla, oi Bharatan Jälkeläinen (Arjuna), taistele! 18

Hän, joka pitää Itseä surmaajana, sekä hän, joka uskoo, että se voi-
daan tappaa: kumpikaan heistä ei tiedä totuutta. Itse ei tapa eikä sitä voi
tappaa. 19

Tämä Itse ei koskaan synny eikä koskaan kuole; kerran tultuaan ole-
vaksi se ei milloinkaan lakkaa olemasta. Se on syntymätön, ikuinen,
muuttumaton, aina sama (eikä aikaan liittyvät prosessit vaikuta siihen).
Se ei kuole, vaikka keho surmataan. 20

Miten hän, joka tietää Itsen olevan kuolematon, ikuisesti pysyvä, syn-
tymätön ja muuttumaton, voisi kuvitella, että tuo Itse voisi aiheuttaa toi-
sen tuhon? Oi Partha (Arjuna), kenet se silloin surmaa?[7] 21

Samoin kuin ihminen hylkää vanhat ja risaiset vaatteensa ja vaihtaa
ne uusiin, myös kehon sisälleen sulkema sielu jättää rapistuneet kehoasu-
muksensa ja siirtyy toisiin, jotka ovat uusia. 22

Mikään ase ei voi lävistää sielua; tuli ei voi sitä polttaa, vesi ei voi sitä
kastella eikä ankarinkaan tuuli voi sitä kuihduttaa. 23

Sielu on jakamaton eikä sitä voi polttaa eikä hukuttaa eikä kuivattaa.

---

7 [Kirjaimellisen merkityksensä lisäksi, joka huomauttaa sielun kuolemattomuudesta], tällä säkeistöllä
on syvällinen, metafyysinen sanoma – – Vaikka aistien pahat kiintymykset tuhotaan, olet hölmö luul-
lessasi, että aistit itsessään voisi tuhota! Korkeampi Itsesi vain puhdistaa alemman itsesi; Se ei tuhoa sitä.

Sielu on muuttumaton ja kaikkialla oleva, ikuisesti tyyni ja järkähtämätön - ikuisesti sama. 24

Sielun sanotaan olevan ajatuksen tuolla puolen, ilmentymätön ja muuttumaton. Kun tiedät asian olevan niin, sinun ei kannata surra! 25

Mutta jos kuvittelet, että tämä sielu syntyy ja kuolee lakkaamatta, älä siinäkään tapauksessa murehdi sen puolesta, oi Mahtavasti Aseistettu (Arjuna). Sillä sen, mikä syntyy, on myös kuoltava, ja kuolleen on synnyttävä uudelleen. Miksi siis surisit väistämättömän vuoksi? 26-27

Kaikkien olentojen alku on näkymätön, keskikohta ilmentynyt ja loppu taas vuorostaan näkymätön, oi Bharata (Arjuna). Miksi siis valittaisit tämän totuuden vuoksi? 28

Jotkut katsovat sielua ihmetyksen vallassa. Toiset taas ylistävät sitä loistokkaaksi. Jotkut kuuntelevat sielun ihmeitä. Mutta on myös niitä, jotka ovat kuulleet totuuden sielusta, mutta eivät lainkaan ymmärrä kuulemaansa. 29

30. säkeistön symbolinen merkitys:

Tässä ja edeltäneissä säkeistöissä korostetaan sielun loukkaamattomuutta tulkittaessa metafyysisellä tasolla hengellisen tien kulkija Arjunan hengellistä taistelua. Herra muistuttaa opetuslastaan hänen sisäsyntyisestä sielunvoimastaan, jonka voimin hän pystyy kukistamaan alhaisemman egoluonteensa. Hengellisen tien kulkijat, jotka ovat addiktoituneet aistiensa heikkouksiin ja pahoihin tapoihin, eivät ole ainoastaan vastahakoisia tuhoamaan näitä ystävällisiä vihollisiaan, vaan ovat myös vakuuttuneita siitä, että näiden voimien ylivoimainen mahti saa aikaan sielun jumalallisten ominaisuuksien ja pyrkimysten joukkomurhan. Mutta vaikka ego, tavat, aistit ja mielihalut saattavat verhota ihmisen tietoisuutta jonkin aikaa, ne eivät voi tuhota tai muuttaa sielua eivätkä alistaa sitä loputtomiin. Vaikuttipa sielu, kuinka "kuolleelta" tahansa tai kuinka syvälle tahansa egotietoisuuden pahojen tapojen alle hautautuneelta, jokainen niistä voi nousta pahuuden ja syntymää edeltäneiden ja seuranneiden heikkouksien hautakammiosta. Sielu on tuhoutumaton ja pysyy vihollistensa hyökkäyksistä huolimatta koskemattomana ja muuttumattomana. Se vain odottaa päättäväisen, jumalallisen soturin kutsuhuutoa.

Oi Bharata (Arjuna), tuo Yksi, joka oleilee jokaisen kehossa, on ikuisesti loukkaamaton. Älä siis sure minkään luodun olennon puolesta. 30

Oikeamielinen taistelu on ihmisen uskonnollinen velvollisuus

Sinun ei pidä edes oman *dharmasi* (oikeutettu velvollisuus) näkökulmasta horjua sisäisesti! Mikään ei ole suotuisampaa *kshatriyalle* kuin oikeamielinen taistelu. 31

Oi Prithan poika (Arjuna), onnekkaita ovat sellaiset *kshatriyat*, joiden osaksi on langennut taistelu heidän itsensä siihen pyrkimättä; he ovat löytäneet avoimen oven taivaaseen. 32

Mutta jos kieltäydyt ottamasta osaa oikeamieliseen taisteluun, silloin luovut omasta *dharmastasi* ja kunniastasi ja korjaat synnin hedelmiä. 33

Ihmiset tulevat aina puhumaan häpeällisestä teostasi. Mainetta kantavalle kunniattomuus on totisesti pahempi kuin kuolema. 34

Mahtavat vaunusoturit olettavat, että olet kaihtanut tätä sotaa pelkuruuttasi. Silloin sinua ennen kunnioittaneet havaitsevat sinut arvottomaksi. 35

Sinun vihollisesi puhuvat sinusta halveksien (sanoilla, jotka on sopimatonta toistaa) ja vähättelevät voimiasi. Mikä voisi olla sen tuskallisempaa? 36

Jos kuolet (taistellessasi vihollisiasi vastaan), pääset taivaaseen; jos sen sijaan voitat, pääset nauttimaan iloista maan päällä. Siispä, oi Kuntin poika (Arjuna), kohottaudu! Taistele päättäväisesti! 37

Suhtaudu samoin (tyyneyden avulla) onneen ja suruun, hyötyyn ja tappioon, voittoon ja epäonnistumiseen – tee näin lähtiessäsi taisteluun! Siten et kerrytä syntiä. 38

Jooga: Parannuskeino epäilylle, hämmennykselle ja älylliselle tyytymättömyydelle

Olen selittänyt Sankhyan perimmäisen viisauden sinulle. Mutta nyt sinun pitää kuulla joogan viisaudesta, jonka avulla, oi Partha (Arjuna), katkot karman kahleet. 39

Tällä (joogatoiminnan) polulla keskeytyneet oivallusyritykset eivät mene hukkaan eikä vastakkaisvaikutuksia synny. Jo pienikin hitunen tätä aitoa uskontoa suojaa suurelta pelolta (syntymän ja kuoleman toistuvien syklien sisäsyntyiseltä kolossaaliselta kärsimykseltä). 40

Tässä joogassa, oi Kurun Jälkeläinen[8] (Arjuna), sisäinen päättäväisyys on kohdistettu ainoastaan yhteen asiaan, kun taas päättämättömän mielen järkeilyt ovat loppumattomia ja seurauksiltaan vaihtelevia. 41

Oi Partha (Arjuna), hän ei tule saavuttamaan meditatiivisessa tilassa *samadhia*, joka takertuu sitkeästi valtaan ja aistinautintoihin (eikä suuntaa mieltään yhteen kohteeseen) ja jonka arvostelukykyinen järki on harhautunut hänen kuunnellessa hengellisesti tietämättömien korulauseita. Hän tyytyy iloitsemaan Vedojen kauniista aforismeista, eikä ajattele, että niiden tarkoitus olisi mikään muu jättäen huomioimatta, että maalliset taipumukset ovat vaikuttaneet niiden tosiolemukseen. Hänelle taivas (astraalimaailman miellyttävä ilmiö) on korkein päämäärä. Hän suorittaa lukuisia tarkkaan määritettyjä pyhiä rituaaleja saadakseen nautintoa ja valtaa – sellainen ihminen vaalii uusien syntymien syitä, noiden (mielihalujen aiheuttamien) tekojen seurauksia. 42–44

Vedoissa käsitellään kolmea universaalia ominaisuutta eli *gunaa*. Oi Arjuna, vapauta itsesi kolmesta ominaisuudesta ja vastakohtien pareista! Pysy aina tyynenä äläkä haudo ajatuksia saamisesta ja pitämisestä, asettaudu Itseen. 45

Brahman (Hengen) tuntevalle kaikista Vedoista (pyhät kirjoitukset) ei ole sen enempää hyötyä kuin tekojärvestä, silloin kun kaikkialla tulvii. 46

Oikeanlaisen toiminnan joogataito
johtaa äärettömään viisauteen

Sinulla on ihmisenä ainoastaan oikeus toimia, mutta sinulla ei ole koskaan oikeutta töidesi hedelmiin. Älä pidä itseäsi toimiesi tulosten luojana, äläkä salli itsesi kiintyä toimettomuuteen. 47

---

8 Kuru oli sekä pandavien että kauravien esi-isä, ja siksi Arjunaa kutsutaan tässä Kurunandanaksi, Kurun jälkeläiseksi; *nandana* merkitsee myös ilonaihetta – Krishna siis rohkaisee Arjunaa kutsumalla tätä "Kuru-dynastian ylpeydeksi tai valituksi pojaksi".

Oi Dhananjaya (Arjuna), uppoutuneena joogaan, suorita kaikki velvol-
lisuutesi, hyläten kiintymys (niiden tuloksiin) ja piittaamatta onnistumisesta
tai epäonnistumisesta. Tätä mielen tasapainoa kutsutaan joogaksi. 48

Tavallinen toiminta (tehtynä mielihalun vuoksi) on huomattavasti ar-
vottomampaa kuin viisauden ohjaama toiminta; siispä, oi Dhananjaya (Ar-
juna), etsi suojaa aina oikeaan johtavasta viisaudesta. Kurjuuteen vajoavat
sellaiset, jotka suorittavat tekoja vain niiden hedelmien tähden. 49

Kosmisen viisauden kanssa liittoutunut siirtyy hyveen ja paheen vai-
kutusten tuolle puolen jo tässä elämässä. Omistaudu siis joogalle, juma-
lalliselle liitolle. Jooga on oikeanlaisen toiminnan taito. 50

Sellaiset, jotka ovat ottaneet mielensä hallintaansa uppoutuvat ää-
rettömään viisauteen; heitä ei enää kiinnosta työn hedelmät. Näin va-
pautuen jälleensyntymisen oravanpyörästä he saavuttavat olotilan surun
tuolla puolen. 51

Kun älysi tunkeutuu harhan pimeyden läpi, silloin saavutat kyvyn
suhtautua välinpitämättömästi sekä kuulemiisi seikkoihin että vielä kuu-
lemattomiin. 52

Kun paljastuneiden totuuksien moninaisuudesta hämmentynyt

Ulkoiset rituaalit vastaan Itse-oivallus

"Vedoissa ylistetään ja palvotaan Luonnon aktivoivia voimia, jotka syök-
sevät lukuisia hahmoja kolmen ominaisuuden [gunien] pyörteistä. Mutta, oi
hengellisen tien kulkija, älä keskity aineeseen vaan Henkeen, ja näin vapauta
itsesi tunteelliselta osallisuudelta Luonnon unikuvissa hyvästä, aktiivisesta ja
pahasta olemassaolosta. Pidä kiinni todellisesta luonteestasi (nityasattvastha)
– jonka levollisuuteen ja tyyneyteen eivät kolme ominaisuutta ja niiden valo-
ja-varjo vastakohtien parit vaikuta – vapaana harhan kutomista mielihalujen
ja kiintymysten verkoista, asetu pysyvästi transsendenttiin Itseesi."

Tämä säkeistö [II:45] ilmaisee sen, että vaikka pyhissä kirjoituksissa mai-
nittuja ulkoisia rituaaleja suorittaisi miten täydellisesti ja tarkasti tahansa, se
ei riitä. Ainoastaan ihmisen sisäisen olemuksen puhdistaminen riittää va-
pauttamaan hänet kolminkertaisista, uudelleensyntymän aiheuttavista ih-
misluonnon ominaisuuksista – sattva (ylevöittävä), rajas (aktivoiva) ja ta-
mas (alentava).

järkesi ankkuroituu turvallisesti sieluautuuden ekstaasiin, silloin saavutat lopullisen yhteyden (joogan).   53

Itse-oivaltaneiden ominaisuudet

Arjuna sanoi:

Oi Keshava (Krishna)! Miten luonnehtisit tietäjää, jolla on aina tyyntä viisautta ja joka on uppoutunut *samadhiin* (ekstaasiin)? Miten tuo vakaan viisauden haltija puhuu ja istuu ja kävelee?   54

Siunattu Herra vastasi:

Oi Partha (Arjuna)! Kun ihminen luopuu täydellisesti kaikista mielihaluistaan ja on täysin tyytyväinen Itsessään, Itsensä vuoksi, silloin hänen katsotaan asettuneen viisauteen.   55

Hän, jonka tietoisuutta eivät horjuta vaikeudet eikä kiintymys onneen suotuisissa olosuhteissa; hän, joka on vapaa maailmallisesta rakkaudesta, peloista ja vihasta – häntä kutsutaan nimellä vakaan arvostelukyvyn *muni*.   56

Hän, joka on kaikkialla kiintymätön ja joka ei riemuitse kiihkeästi kohdatessaan hyvyyttä eikä häiriinny kohdatessaan pahuutta, on saavuttanut viisauden.   57

Kun joogi pystyy raajansa kuoreen vetävän kilpikonnan tavoin vetämään täydellisesti aistinsa pois havainnon kohteista, hänen viisautensa on vakaata.   58

Ihminen, joka luopuu fyysisesti aistiobjekteista, huomaa niiden katoavan hetkeksi jättäen jälkeensä vain kaipuun niitä kohtaan. Mutta hän, joka näkee Ylimmäisen, vapautuu jopa kaipuusta.   59

Oi Kuntin poika (Arjuna), innokkaat ja kiihkeät aistit tarttuvat väkisin jopa pitkälle edistyneen valaistuneen tietoisuuteen – hänen, joka kamppailee (vapautumisensa puolesta).   60

Hän, joka on alistanut kaikki aistinsa ja yhdistää henkensä Minuun, pystyy keskittymään Minuun Ylimpänä Haluttuna. Sellaisen joogin, joka on ottanut aistinsa hallintaansa, intuitiivinen viisaus vakiintuu.   61

Aistiobjektien mietiskely aiheuttaa kiintymisen niihin. Kiintymys

aiheuttaa halua; halu aiheuttaa vihaa. Viha aiheuttaa harhan; harha ai-
heuttaa (Itseä koskevan) muistinmenetyksen. Oikeanlaisen muistin me-
netys aiheuttaa arvostelukyvyn rappeutumista. Arvostelukyvyn rappeu-
tumisesta seuraa (hengellisen elämän) tuho. 62-63

Itsensä hillitsevä ihminen, joka kulkee alistetuin aistein aineellisessa
maailmassa ja joka ei kiinny mihinkään eikä tunne vastenmielisyyttä mi-
tään kohtaan, saavuttaa horjumattoman sisäisen tyyneyden. 64

Sieluautuudessa[9] kaikki suru tuhoutuu. Ja totisesti, autuaan ihmisen
arvostelukyky asettuu pian tukevasti (Itseen). 65

Viisaus ei kuulu yhdistymättömille (jotka eivät ole asettuneet Itseen)
eivätkä he osaa meditoida. Meditoimattomille ei suoda tyyneyttä. Miten
rauhaton voisi olla onnellinen? 66

Niin kuin myrskytuuli saa laivan harhautumaan reitiltään, niin ih-
misen arvostelukyky horjahtaa polultaan, kun mieli alistuu harhaileville
aisteille. 67

Oi Mahtavasti Aseistettu (Arjuna), viisaus on tukevalla pohjalla, jos
ihmisen aistit ovat täysin alisteisia aistiobjekteihin liittyen. 68

Se, mikä on kaikille olennoille (unten) yötä, on itsensä hallitsijalle
(valaistua) valveillaoloa. Ja se, mikä on valveillaoloa tavalliselle ihmiselle,
on yötä (unen aikaa) jumalallisen havaintokyvyn viisaalle. 69

Täydellisen tyytyväinen on hän, joka sulauttaa kaikki mielihalut si-
säänsä; hän on kuin valtameri, johon siihen virtaavat vedet eivät vaikuta
– tyytymätön on hän, joka haikailee mielihalujen perään. 70

Rauhan oivaltaa sellainen, joka kaikista mielihaluista luovuttuaan
jatkaa olemassaoloaan ilman kaipausta ja joka ei samastu kuolevaiseen
egoonsa ja sen "minun-keskeisyyteen". 71

Oi Partha (Arjuna)! Tällainen on "Brahmaniin asettunut" tila. Ku-
kaan siihen tilaan pääsevä ei enää koskaan (uudestaan) harhaudu. Jopa
(fyysisestä astraaliin) siirtymisen hetkellä sinne ankkuroituva saavuttaa
lopullisen, peruuttamattoman Henki-yhteyden tilan. 72

---

9 "Sieluautuudessa", prasāde: "Kaikki tyydyttävässä sisäisen tyyneyden tilassa (so. siinä Itsen täydellisen
tyynessä tilassa, joka on kyllästetty sielun puhtaalla luonnolla, aina uudistuvalla autuudella)."

Aum, Tat, Sat.

Pyhän Bhagavad Gitan upanishadissa – Herra Krishnan keskustelussa
Arjunan kanssa, joka on joogan pyhä kirjoitus ja Jumal-oivalluksen tiede –
tämä on toinen luku, jonka nimi on "Sankhya-jooga".

Brahmasthiti: Vapautuminen äärellisen luomakunnan kolmesta maailmasta

Nousua kaikkialla läsnä olevan Hengen tietoisuuden valtaistuimelle
["Brahmaniin asettunut"] kutsutaan Brahmasthitiksi, hallinnan tila Kunin-
kaallisessa Hengessä. Hengessä hallitseva joogi, joka vapautui elinaikanaan,
ei enää milloinkaan joudu harhaan eikä hän koskaan laskeudu alemmalle
tasolle. Hän elää Jumalan tietoisuudessa. Hänen sielunsa laajenee Henkeen,
mutta hän säilyttää siitä huolimatta yksilöllisyytensä uppoutuneena ikui-
sesti Henki-yhteyteen.

❖ ❖ ❖

Transsendentissa tilassa Jumala kehittää ideoiden (kausaalinen), astraa-
listen ja fyysisten universumien uniaan. Fyysistä kosmosta, monine ikui-
sessa tyhjiössä leijuvine "saariuniversumeineen", ympäröi säteilevän ener-
gian sädekehä, joka sulaa suurempaan astraalimaailmaan. Astraalikosmos
on fyysistä mahtavampi luomakunnan ilmentymä, joka ulottuu jälkimmäi-
sen läpi ja tuolle puolen – – Kausaaliuniversumi on luomakunnan kohtu.
Kausaaliuniversumissa Jumalan hienoimmat tietoisuuden luovat voimat ja
korkealle kehittyneet olennot intuitiivisine prosesseineen objektivoivat uni-
versumeita hienovaraisista jumalallisista ajatusvoimista – –
Tietoisuutensa täysin hallitseva joogi voi katsoa fyysistä, astraalista tai
kausaalista maailmaa tai siirtyä Jumalan transsendentille, värähtelemättö-
mälle alueelle.

❖ ❖ ❖

Kun joogi on asettunut Aineettomaan Äärettömyyteen – vaikka se tapah-
tuisi vasta samalla hetkellä, jolloin sielu siirtyy fyysisestä asumuksestaan
astraaliseen – sielu pääsee Brahmanirvanaan, laajempaan Hengen tilaan,
jota ennen uudelleensyntymään pakottavat ego ja mielihalut on sammu-
tettu. Kaikkialla läsnä olevaa olentoa ei voi kahlita äärellisten inkarnaatioi-
den kaltereiden taakse. Hän voi omasta tahdostaan pitää fyysisen tai astraa-
lisen kehon, mutta ne eivät voi vangita hänen kaikenkattavaa henkeään.

III: Karma-jooga: Hengellisen toiminnan polku

Miksi toiminta on tarpeellinen osa vapauteen johtavaa polkua?

Arjuna kysyi:

Oi Janardana (Krishna)! Jos pidät ymmärtämistä tärkeämpänä kuin toimintaa, miksi sitten, oi Keshava (Krishna), olet liittynyt seuraani tässä kauheassa toimessa?   1

Puheesi ovat nähdäkseni ristiriitaisia, mikä hämmentää järkeäni. Salli minun saada tietää varmuudella se yksi asia, jonka avulla saavutan korkeimman hyvän.   2

Kosminen Herra vastasi:

Oi Synnitön, luomakunnan alussa Minä annoin tähän maailmaan kaksitahoisen tavan pelastua: viisaille jumalallinen yhteys viisauden avulla; joogeille jumalallinen yhteys aktiivisen meditaation avulla.   3

Toimettomuutta ei saavuteta yksinkertaisesti välttämällä toimintaa. Kukaan ei saavuta täydellisyyttä hylkäämällä työt.   4

Totisesti, kukaan ei voi olla hetkeäkään työskentelemättä; jokaisen täytyy suorittaa tekoja halusipa tai ei, sillä Luonnosta (Prakriti) synty-neet ominaisuudet (*gunat*) määräävät niin.   5

Yksilöä, joka väkipakolla hillitsee toimintojen elimiä, mutta jonka mieli askartelee aistiobjektien parissa, sanotaan tekopyhäksi, joka pettää itseään.   6

Mutta sellainen ihminen menestyy ylivertaisesti, oi Arjuna, joka mi-hinkään kiintymättömän mielensä avulla pitää aistinsa kurissa ja toimin-nan elimensä tiukasti Jumal-yhteyteen johtavien tekojen polulla.   7

Suorita ne toimet, jotka ovat pakollisia, sillä toiminta on parempi kuin toimettomuus; kaikkein alkeellisimmankin tason kehon ylläpito olisi mahdotonta toimettomana.   8

Oikeiden tekojen luonne: Kaiken työn suorittaminen uskonnollisten uhrausten tavoin (Yajna)

Maailmalliset ihmiset ovat toimiensa – jotka poikkeavat *yajnana* (uskonnolliset rituaalit) suoritetuista toimista – vuoksi sidottuja karmaan; oi Kuntin Poika (Arjuna), työskentele sinä kiintymättä *yajnan* hengessä ja tee tekosi uskonnollisen uhrauksen tavoin.   9

Kun Prajapati (Brahma *prajan* eli ihmisolentojen Luojana) oli alussa luonut ihmiskunnan *Yajnan* myötä, hän sanoi: "Tämän kautta te monistutte; tämä tulee olemaan kaipauksienne äidinmaitoa. Meditoikaa tämän *yajnan* avulla *devoja*[10], ja ajatelkoot *devat* teitä; näin kommunikoimalla toistenne kanssa tulette saamaan Ylimmän Hyvän. *Devat*, joiden kanssa kommunikoidaan *yajnan* välityksellä, suovat teille halajamanne elämän lahjat." Hän, joka nauttii universaalien jumalolentojen suosionosoituksia ilman asianmukaisia lahjoja, on totisesti varas.   10–12

Pyhimykset – ne, jotka syövät asianmukaisten tuliuhrien jäännökset (*yajna*) – vapautuvat kaikesta synnistä; mutta syntiset – ne, jotka valmistavat ruokaa vain itselleen – mässäilevät synnillä.   13

Ruoasta olennot kehittyvät; sade saa ruoan kasvamaan. *Yajnasta* (kosminen uhrituli) syntyy sade; kosminen tuli (kosminen valo) syntyy karmasta (jumalallisesta värähtelytoiminnasta).   14

Tiedä, että jumalallinen värähtelyaktiivisuus on tullut olevaksi Brahmasta (Jumalan Luovasta Tietoisuudesta), ja tuo Luova Tietoisuus on peräisin Katoamattomasta (Ikuisesta Hengestä). Näin ollen Jumalan Luova Tietoisuus (Brahma), joka on kaikkialla ja kaikessa, on sisäsyntyisesti ja erottamattomasti läsnä *Yajnassa* (kosmisessa tulessa tai valossa, joka puolestaan on värähtelevän luomakunnan kaikkien ainesosien ydin).   15

---

10 *Devat*: astraaliset jumalolennot; kirjaimellisesti "loistavat yksilöt" – jumalalliset tai enkelilliset joukot, jotka pitävät aineellista maailmaa yllä. (*Kustantajan huomautus.*)

Ihminen, oi Prithan Poika (Arjuna), joka tässä maailmassa ei seuraa näin pyörimään laitettua pyörää, elää häpeällisesti ja tyytyy aisteihinsa, elää turhaan! 16

Yajnan todellinen merkitys, tuliuhrirituaali

Maailmalliset ihmiset tekevät tekoja itsekkäistä motiiveista ja halutessaan saavuttaa aineellista hyötyä ja onnea. Tuon taipumuksen vuoksi he ovat karman kautta sidottuja maapallolle toisiaan seuraavien inkarnaatioiden ajaksi. Joogi sen sijaan pyrkii tekemään hyviä tekoja epäitsekkyyden ja kiintymättömyyden hengessä; näin hän nopeuttaa evoluutiotaan kohti sielun vapautumista. Kaikkia sellaisia vapauttavia, jumalallisia velvollisuuksia voidaan kutsua *yajnaksi* – –

Intiassa muodollisen [*yajna*]rituaalin aikana kaadetaan kirkastettua voita (ghee) – tulen puhdistaman aineen muoto – tuleen, millä symbolisesti yhdistetään elämänenergia kosmisen energian kanssa.

Gurun opettamassa joogameditaatiossa aloittelija suorittaa *esoteerisen*, aidon tuliuhrirituaalin hindujen pyhien kirjoitusten saattelemana. Hän vetää elämänvoiman sensorisista ja motorisista hermoista ja kaataa tämän energian elämän pyhiin tuliin, jotka ovat kerääntyneet seitsemään kätkettyyn aivo- ja selkärankakeskukseen.

Kun joogi katkaisee elämänvirran hermoista, hän huomaa mielensä kytkeytyneen irti aisteista. Tämä elämän vetäminen pois kehosta ja tämän energian yhdistäminen Jumalan valoon [*kriya*-jooga] on *yajnan* korkein muoto, todellinen tulirituaali – siinä heitetään pieni elämänliekki Suureen Jumalalliseen Tuleen ja poltetaan kaikki inhimilliset mielihalut jumalallisessa halussa Jumalaa kohtaan. Silloin joogi ottaa aisteista vetäytyneen mielensä ja heittää sen Kosmisen Tietoisuuden tuleen; hän oivaltaa lopulta oman sielunsa jonakin kehosta täysin erillisenä ja heittää tuon Itsen Ikuisen Hengen tuleen.

Aito *eksoteerinen* elämän tulirituaali – jolla ruumiillinen elämä yhdistetään Kosmiseen Elämään ja ihmisen mieli ja sielu yhdistyvät Kosmiseen Mieleen ja Henkeen – koostuu oikeiden tekojen tarjoamisesta Jumalalle, ilman haluja tai kiintymystä.

He, jotka seuraavat *yajnana* suoritettujen oikeiden tekojen polkua, eivät jää sidoksiin maan päälle vaan he vapautuvat.

Mutta yksilölle, joka todella rakastaa sielua ja on siihen täysin tyyty-
väinen ja löytää pelkästään sielusta kaiken tarvitsemansa, ei velvollisuuk-
sia ole olemassa.   17

Sellaiselle ihmiselle ei ole mitään saavutettavaa tekojen avulla tässä
maailmassa eikä hän voi mitään menettää jättämällä jotakin tekemättä.
Hän ei ole riippuvainen kenestäkään mitään varten.   18

Oikeamielisten velvollisuuksien toteuttaminen kiintymättä on jumalallista

Suorita sen vuoksi tunnollisesti hyvään tähtäävät aineelliset teot (*ka-
ryam*) ja hengelliset teot (*karman*) kiintymättä mihinkään. Suorittamalla
kaikki teot kiintymättä mihinkään ihminen saavuttaa korkeimman.[11] 19

Vain oikeiden tekojen polulla Janaka ja hänen kaltaisensa saavutti-
vat täydellisyyden. Sinun pitää suorittaa tekoja yksinkertaisesti siitäkin
syystä, että opastat kuolevaisia toimimaan oikein.   20

Mitä hyvänsä ylivertainen olento tekee, vähäisemmät yksilöt matki-
vat. Hänen tekonsa asettavat standardit maailman ihmisille.   21

Oi Prithan Poika (Arjuna), minun ei ole pakko suorittaa mitään vel-
vollisuuksia; ei ole mitään, mitä en olisi saavuttanut; minulle ei ole näissä
kolmessa maailmassa enää mitään tavoitteita! Siitä huolimatta olen tie-
toisesti läsnä kaikissa toimissa ja teoissa.   22

Oi Partha (Arjuna), jos milloin tahansa lopettaisin jatkuvan toimin-
tani, ihmiset alkaisivat täysin matkia Minun tapaani.   23

Ellen suorittaisi tekoja (tasapainoisella tavalla), nämä universumit
tuhoutuisivat. Olisin syypää äärimmäiseen sekasortoon ("epäasianmu-
kaiseen velvollisuuksien sekoittumiseen"). Olisin ihmiskunnan tuhon vä-
likappale.   24

Oi Bharatan Jälkeläinen (Arjuna), siinä missä tietämätön suorittaa

11 *Karma* kantasanasta *kri*, "tehdä" merkitsee yleisesti ottaen "toimintaa". Se voi merkitä myös erityi-
sesti aineellista toimintaa tai velvollisuudentuntoista toimintaa; uskonnollista rituaalia tai hengellistä
toimintaa – mutta myös omien tekojen seurauksia. Sanan *"karma"* monenlaiset merkitykset ovat toi-
sinaan myös vaihdettavissa keskenään, jolloin konteksti määrittää tarkoituksen. Näin ollen tässä sä-
keistössä *karyam* viittaa "velvollisuudentuntoiseen aineelliseen toimintaan" ja *karman* merkitsee "us-
konnollista rituaalia tai hengellistä toimintaa (so. meditatiivista toimintaa)." (*Kustantajan huomautus.*)

tekonsa kiintymyksellä ja palkinnon toivossa, viisaiden pitäisi toimia in-
tohimottomalla kiintymättömyydellä ja palvella ilomielin kansanjoukko-
jen oppaana. 25

Viisaiden ei missään olosuhteissa pitäisi hämmentää tekoihin kiin-
tyneiden tietämättömien ymmärrystä. Sen sijaan, suorittamalla tunnol-
lisesti velvollisuutensa, valaistuneen olennon pitäisi sytyttää tietämättö-
missä halu suorittaa velvollisuutensa. 26

Miten egoton toiminta vapauttaa joogin
karman dualismista ja kahleista

Kaikki toiminta on universaalisti lähtöisin alkukantaisen Luonnon
(Prakriti) ominaisuuksista (gunat). Ihminen, jonka Itse on egon sumen-
tama, ajattelee: "Olen tekijä." 27

Oi Mahtavasti Aseistettu (Arjuna)! Sellainen, joka tietää totuuden
gunien (Luonnon ominaisuuksien) jaotteluista ja niiden toiminnasta –
joka oivaltaa, että gunat ovat aistien ominaisuuksina kiintyneitä guniin
aistiobjekteina – ei anna (Itsensä) kiintyä niihin. 28

Täydellisen viisauden joogin ei pitäisi hämmentää vajavaisesti ym-
märtävien ihmisten mieliä. Alkukantaisen Luonnon ominaisuuksien har-
hauttamina tietämättömien täytyy takertua noiden gunien synnyttämiin
toimintoihin. 29

Luovuta kaikki toimesi Minulle! Välttäen egoismia ja suuria odotuk-
sia, keskittäen huomiosi sieluun, vapaana kuumeisesta huolesta, ryhdy
(aktiivisuuden) taistoon. 30

Oikea asenne hengellistä opasta
ja sadhanaa kohtaan

Täysin omistautuneet, jotka hellittämättä ja kyseenalaistamatta
noudattavat Minun ohjeitani, he myös pääsevät eroon kaikesta karmas-
taan. 31

Mutta ne, jotka kiistävät Minun opetukseni eivätkä elä niiden mu-
kaan, ja jotka ovat täysin tietämättömiä todellisesta viisaudesta – tiedä,

että nuo ymmärtämättömät ovat tuomittuja.   32

Jopa viisas toimii omien luontaisten taipumustensa mukaisesti. Kaikki elävät olennot toimivat Luonnon järjestyksen mukaisesti; mitä hyötyä olisi siis (pinnallisesta) tukahduttamisesta?   33

Aistien kiintymys ja vastenmielisyys tiettyjä objekteja kohtaan on Luonnon määräämää. Varo tuon kaksinaisuuden vaikutusta. Sillä totisesti, nämä kaksi (psykologista ominaisuutta) ovat ihmisen vihollisia!   34

Ihmisen omat velvollisuudet (*svadharma*), vaikkakin laadultaan vaillinaiset, ovat tärkeämpiä kuin velvollisuudet, jotka eivät ole hänen omiaan (*paradharma*), vaikka jälkimmäiset suorittaisikin ansioituneesti. On parempi kuolla suorittaessaan *svadharmaa*; *paradharma* on pelon ja vaaran raskauttama.   35

Kaksipuolisen intohimon, mielihalun ja vihan, kukistaminen

Arjuna kysyi:

Oi Varshneya (Krishna), minkä vuoksi ihminen tekee pahaa jopa vastoin omaa tahtoaan – ikään kuin jonkin voiman pakottamana?   36

Mielihalu ja viha: Duryodhana ja hänen ilkeä veljensä

Turhautettu mielihalu muuttuu vihaksi.[12] Täten sokean aistimielen eli kuningas Dhritarashtran esikoispoika on Duryodhana – Aineellinen Mielihalu ja toinen poika (Duryodhanaa lähin veli) on Duhshasana, joka symboloi vihaa. Nimi merkitsee "vaikeasti pidäteltävää tai hillittävää" sanskritin sanoista *duḥ*, "vaikea", ja *śās*, "pidätellä tai hillitä".

Mahabharatassa tyystin halveksittava Duhshasana kuvaa hyvin vihan pahuutta. Gitan toisessa luvussa Krishna selittää Arjunalle, että viha saa väärintekijän harhan valtaan, mikä sitten hämärtää muistin siitä, mitä on Itsen oikea käytös, mikä puolestaan aiheuttaa arvostelukyvyn rappeutumisen. Tämä älyn sumentuminen johtaa hyvän käytöksen tuhoon.

12 *Krodha*, yksi materialistisen egon kuudesta viasta, kuten mainittu sivulla 41.

Siunattu Herra vastasi:

Luonnon aktivoivasta ominaisuudesta (*rajo-guna*) syntynyt mielihalu ja viha, (tämä on se yllyttävä voima) – täynnä heltymätöntä janoamista ja suurta pahuutta: tiedä, että tämä (kaksipuolinen intohimo) on kammottavin vihollinen täällä maan päällä. 37

Aivan kuten savu hämärtää tulen, pöly sumentaa kiikarin, kohtu kietoo alkion kätköihinsä, samoin se (viisaus) peittyy tuon (mielihalun) vuoksi. 38

Oi Kuntin Poika (Arjuna)! Viisaiden ihmisten heltymätön vihollinen on mielihalun sammumaton liekki, joka kätkee viisauden. 39

Aistien, mielen ja älyn sanotaan olevan mielihalun kunnioitusta herättävä tukikohta, sillä näiden kautta mielihalu harhauttaa kehollisen sielun peittämällä sen viisauden. 40

Siispä, oi Bharata-dynastian Ylpeys (Arjuna)! Ota ensin aistit haltuun ja tuhoa sitten mielihalu, viisauden ja Itse-oivalluksen syntinen tuhoaja. 41

Aistien sanotaan olevan ylivertaisia (fyysiseen kehoon nähden), mielen olevan aistiominaisuuksia ylempänä ja älyn mieltä korkeammalla, mutta hän (Itse) ylittää vielä älynkin. 42

Oi Mahtavasti Aseistettu (Arjuna)! Kun näin tiedät Itsen korkeammaksi kuin älyn ja pystyt hallitsemaan Itsellä (sielulla) itseä (egoa), tuhoa vaikeasti kukistettava vihollisesi, joka pukeutuu mielihalun hahmoon. 43

Aum, Tat, Sat.

Pyhän Bhagavad Gitan upanishadissa – Herra Krishnan keskustelussa Arjunan kanssa, joka on joogan pyhä kirjoitus ja Jumal-oivalluksen tiede – tämä on kolmas luku, jonka nimi on "Karma-jooga".

IV: Jumalan tuntemisen ylivertainen tiede

Joogan historiallinen perusta ja esoteerinen sisin olemus

Ylistetty Herra sanoi (Arjunalle):

Annoin tämän katoamattoman joogan Vivasvatille (aurinkojumalalle); Vivasvat välitti tiedon Manulle (hindujen lainlaatijalle); Manu kertoi sen Ikshvakulle (*kshatriyoiden* aurinkodynastian perustajalle). Tällä tavoin tieto siirtyi alaspäin perimätiedon kautta *Rajarisheille* (kuninkaalliset *rishit)*. Mutta, oi Vihollisten Polttaja (Arjuna)! Aikakausien vieriessä tieto tästä Joogasta katosi maan päältä.[13]   1–2

Olen tänä päivänä kertonut sinulle tästä samasta muinaisesta joogasta, sillä sinä olet Minun oppilaani ja ystäväni. Tämä (joogan) pyhä mysteeri todellakin on (ihmiskunnan) ylimmäisen hyvän tuottaja.   3

Arjuna sanoi:

Vivasvat syntyi ensin ja sinä myöhemmin. Miten sitten voin ymmärtää sanasi siitä, että kerroit tästä joogasta aivan alussa (ennen syntymääsi)?   4

Siunattu Herra sanoi:

Oi Arjuna, sekä Minä että sinä olemme kokeneet monia syntymiä. Minä muistan niistä jokaisen, mutta sinä et, oi Vihollisten Polttaja.   5

Vaikka olen syntymätön, ja Olemukseni on muuttumaton! kuitenkin,

---

13 Nämä kaksi säettä kertovat *Raja* ("kuninkaallinen")-joogan historiallisesta alkuperästä, sielun ja Hengen yhdistämisen ikuisesta ja muuttumattomasta tieteestä. Samanaikaisesti, esoteerisesti ymmärrettynä, ne kuvailevat ytimekkäästi tätä tiedettä – askelmia, joita pitkin sielu laskeutuu Kosmisesta Tietoisuudesta kuolevaisen tilaan, jossa se samaistuu ihmiskehoon, ja reittiä, jota pitkin sielun pitää nousta taas Alkulähteelleen, läpikotaisin autuaaseen Ikuiseen Henkeen. [Ks. kommentaari *God Talks With Arjuna* -teoksessa.]

kun tulen koko luomakunnan Herraksi ja olen Minun omassa Kosmisessa Luonnossani (Prakriti), ruumiillistan Itseni Itse kehittämäni *maya*-harhan avulla. 6

Oi Bharata (Arjuna)! Milloin hyve (*dharma*) katoaa ja pahe (*adharma*) vallitsee, Minä ruumiillistun Avatarina. Ilmestyn aikakausi toisensa jälkeen näkyvänä hahmona suojellakseni hyveellisiä ja tuhotakseni pahan tekemisen, jotta voin palauttaa oikeamielisyyden. 7-8

Polut vapauteen uudelleensyntymien kierteestä

Hän, joka ymmärtää intuitiivisesti Minun jumalalliset ilmentymäni ja värähtelytekoni järjestyksessä olevien periaatteiden todellisuutena, ei synny kuoleman jälkeen uudelleen; hän saavuttaa Minut, oi Arjuna! 9

Viisauden askeesin puhdistamana, kiintymyksestä, pelosta ja vihasta vapaana Minuun kietoutuneena ja Minun suojassani monet olennot ovat saavuttaneet Minun luontoni. 10

Oi Partha (Arjuna)! Millä tahansa tavalla ihmiset omistautuvatkaan Minulle, sillä mitalla ilmennän Itseni heille. Kaikki ihmiset, kaikilla (Minun etsimiseni) tavoilla, seuraavat polkua Minun luokseni. 11

Koska ihmiset halajavat maanpäällistä menestystä tekojensa vuoksi, he palvovat (erilaisten ihanteiden) jumalia. Se johtuu siitä, että saavutusten saaminen aktiviteeteista on helppoa ihmisten maailmassa. 12

Ominaisuuksien (*gunat*) ja tekojen (*karma*) erojen mukaan olen luonut neljä kastia. Vaikka siten olenkin Tekijä, tunne Minut Tekemättömänä, kaiken muutoksen tuolla puolen. 13

Teot eivät aiheuta Minussa kiintymystä enkä kaipaa töiden hedelmiä. Hän, joka samastuu Minuun ja tuntee luontoni, on myös vapaa töiden karmisista kahleista. 14

Ymmärtäen tämän, turmeltumattomista ajoista lähtien viisaat, jotka ovat tavoitelleet pelastusta, ovat suorittaneet velvollisuutensa. Siksi pitää sinunkin toimia velvollisuudentuntoisesti samalla tavalla kuin menneiden aikakausien muinaiset asukkaat. 15

Vapaus karmasta: Oikeiden tekojen, väärien tekojen ja tekemättömyyden luonne

Jopa viisaat sekoittavat teot ja tekemättömyyden. Siksi selitän, mistä oikeat teot koostuvat – tämän tietäminen vapauttaa sinut pahasta.   16

Karman (tekojen) luonnetta on äärimmäisen vaikea tuntea. Sillä totisesti, ymmärtääkseen täysin oikeiden tekojen luonteen pitää ymmärtää myös vastakkaisten (väärien) tekojen luonne ja tekemättömyyden luonne.   17

Hän on joogi, poikkeuksellisen arvostelukykyinen ihminen, joka näkee tekemättömyyden teoissa ja teot tekemättömyydessä. Hän on saavuttanut kaikkien tekojen tavoitteen (ja on vapaa).   18

Tietäjät kutsuvat viisaaksi häntä, jonka toimia ei motivoi itsekkäät tavoitteet tai tulosten halajaminen ja jonka kaikki teot ovat viisauden tulen puhdistamia (karman seurauksista).   19

Viisaat luopuvat kiintymyksestä työn hedelmiin ja ovat aina tyytyväisiä ja riippumattomia (aineellisista saavutuksista) eivätkä he suorita mitään (sitovia) tekoja edes toimiensa keskellä.   20

Hän, joka on luopunut koko omistamisen käsitteestä, ja on vapaa (harhaanjohtavista inhimillisistä) toiveista ja jonka sielu hallitsee hänen sydäntään (tuntemisen voimaa),[14] ei saa aikaan pahaa tekemällä pelkästään kehollisia tekoja.   21

Sellainen toiminnan ihminen on vapaa karmasta, joka ottaa vastaan tyytyväisenä kaiken kohdalle osuvan, joka nousee dualismin yläpuolelle, joka ei ole mustasukkainen eikä kateellinen eikä vihamielinen, ja joka suhtautuu samalla tavalla saavutuksiin ja menetyksiin.   22

Yajna, hengellinen tuliriitti, joka tuhoaa kaiken karman

Kaikki karma, eli tekojen seuraukset, sulaa täydellisesti pois vapautuneelta olennolta, joka kiintymyksestä vapaana ja mieli viisauteen

---

14 *Yata-citta-ātmā*: kirjaimellisesti: "hänen sielunsa on hallinnut hänen sydäntään (*chitta*)." *Chitta* on kattotermi mieliaineksen kokonaisuudelle, joka tuottaa älyllisen tietoisuuden, tuntemisen voiman.

uppoutuneena suorittaa todellisen hengellisen tuliriitin (*yajna*).[15]   23

Sekä tarjoamisen prosessi että itse uhri – molemmat ovat Henki. Sekä tuli että sille uhraava ovat Hengen eri muotoja. Joka tämän oivaltaa ja sulautuu kaikkien toimien aikana Brahmaniin (Henkeen), totisesti menee ainoastaan Hengen luo.   24

Todellisuudessa on niitä joogeja, jotka uhraavat *devoille*; toiset uhraavat itsen itsen tekemänä uhrilahjana ainoastaan Hengen tulelle.   25

Tietyt hengellisen tien kulkijat tarjoavat sisäisen itsehillinnän tulelle uhreina kuulonsa ja muut aistinsa. Toiset puolestaan tarjoavat aistien tulelle uhrauksina äänen ja muita aistiobjekteja.   26

Jotkut (*jnana*-joogan polun seuraajat) taas tarjoavat kaikki aistitoimintonsa ja elämänvoimansa toiminnot uhrilahjoina viisauden sytyttämälle itsehillinnän joogaliekille Itsessä.   27

Toiset hengellisen tien kulkijat tarjoavat uhrilahjoina vaurautta, itsekuria ja joogametodeja; kun taas toiset itsehillintää harjoittavat ja tiukasti valoistaan kiinnipitävät tarjoavat uhreina itsetutkiskelun ja pyhistä kirjoituksista hankitun viisauden lahjoja.   28

Toiset hengellisen tien kulkijat tarjoavat uhreina sisäänhengityksen *pranan* uloshengityksen *apanaan* ja uloshengityksen *apanan* sisäänhengityksen *pranaan* ja pysäyttävät sisäänhengityksen ja uloshengityksen syyt (minkä jälkeen hengittämisestä tulee tarpeetonta). Tämä saavutetaan määrätietoisella *pranayaman* (*kriya*-joogan elämää kontrolloivan tekniikan) harjoittamisella.[16]   29

Jotkut hengellisen tien kulkijat tarjoavat oikeaa ruokavaliota noudattamalla kaikki erilaiset *pranat* ja niiden toiminnot yhden yhteisen *pranan* tulelle.

Kaikki sellaiset hengellisen tien kulkijat (pätevät kaikissa edellä mainituissa *yajnoissa*) tuntevat todellisen (viisauden) tuliseremonian, joka polttaa heidän karmiset syntinsä.   30

Juomalla näistä minkä tahansa hengellisen tuliseremonian nektaria, he (joogit) siirtyvät Ikuiseen Henkeen (Brahmaniin). Tämä Hengen

15 Kirj. *yajñāya*: "uhrauspalvontaa varten"; *ācaratas*: "tuleen heittäminen".

16 Selitetty kattavammin luvun V:27–28, s. 93 tietolaatikossa.

oivaltaminen ei kuitenkaan kuulu tämän maailman tavallisille ihmisille,
jotka eivät suorita aitoja tuliriittejä. Mistä, ilman todellisia uhrauksia, oi
Kurujen Kukka (Arjuna), voi syntyä parempi maailma (mikään parempi
olemassaolon tapa tai tietoisuuden ylevöitynyt tila)?   31

Erilaiset hengelliset seremoniat (viisauden tai aineellisten objektien
avulla suoritetut *yajnat*) löytyvät Vedojen ("Brahmanin suu") viisauden
temppelistä. Tiedä, että ne kaikki ovat tekojen jälkeläisiä, ja tämän ym-
märtämällä (ja suorittamalla nuo teot) löydät pelastuksen.   32

Viisauden hengellinen tuliseremonia, oi Vihollisten Polttaja (Ar-
juna)! ylittää kaikki aineelliset rituaalit. Kaikki toiminta on kokonaisuu-
dessaan (teko, syy, karminen seuraus) viisauden kyllästämää.   33

Aidon gurun välittämä kaiken pyhittävä viisaus

Ymmärrä tämä! Antautumalla (gurulle), kyselemällä (gurulta ja
omalta sisäiseltä havaintokyvyltä) ja palvelemalla (gurua), totuuden oi-
valtaneet viisaat välittävät tämän viisauden sinulle.   34

Käsittämällä gurulta saamasi viisauden sinä, oi Pandava (Arjuna)! et
enää lankea harhaan, sillä sen viisauden avulla näet koko luomakunnan
itsessäsi ja sitten Minussa (Hengessä).   35

Kuka voi toimia guruna?

Guru Gita (säe 17) kuvailee gurua osuvasti "pimeyden karkottajaksi" (sa-
noista *gu*, "pimeys", ja *ru*, "se mikä karkottaa"). Vaikka *guru*-sanaa käytetään
nykyisin yksinkertaisesti opettajasta tai neuvojasta, todellinen guru on ko-
kenut Jumal-valaistumisen. Hän on saavuttamalla itsehallinnan oivaltanut
ykseytensä kaikkialla läsnä olevan Hengen kanssa. Sellainen ihminen on ai-
nutlaatuisen pätevä opastamaan seuraajaansa tämän hengellisellä matkalla
kohti valaistumista ja vapautumista.

"Gurun seurassa oleskelu", kirjoitti Swami Sri Yukteswar teoksessaan *The
Holy Science,* "ei tarkoita ainoastaan fyysistä läsnäoloa samassa tilassa (sillä
se on toisinaan mahdotonta), vaan sitä, että hänet pidetään sydämessä ja
ollaan hänen kanssaan periaatteen tasolla yhtä ja virittäydytään samalle
aaltopituudelle."

Vaikka olisit syntisistä suurin, kuitenkin yksinomaan viisauden lautalla voit purjehtia turvallisesti synnin meren poikki.   36

Oi Arjuna, niin kuin syttynyt liekki korventaa puun tuhkaksi, niin viisauden tuli tuhoaa kaiken karman tuhkaksi.   37

Totisesti, mikään muu tässä maailmassa ei ole niin puhdistavaa kuin viisaus. Ajan myötä oppilas, joka harjoittaa joogaa menestyksellä, oivaltaa tämän spontaanisti Itsessään.   38

Hengelliselle tielle omistautunut, joka on uppoutunut Äärettömään, ja joka hallitsee aistejaan, saavuttaa viisauden. Viisauden saavutettuaan hän saavuttaa välittömästi ylivertaisen rauhan.   39

Tietämätön, hengelliselle tielle omistautumaton ja epäilysten kalvama tulee lopulta kuihtumaan. Rauhattomalla yksilöllä ei ole tätä maailmaa (maallista onnea) eikä seuraavaa (astraalitason onnea) eikä Jumalan ylimmäistä onnea.   40

Oi Rikkauksien Voittaja (Arjuna), hän, joka luopuu työstä joogan avulla ja joka on repinyt epäilyksensä viisauden avulla, saavuttaa tasapainon Itsessä, sillä hän ei jää enää tekojen rämeikköön.   41

Nouse siis, oi Bharatan Jälkeläinen (Arjuna)! Turvaudu joogaan ja silvo viisauden miekalla sydämessäsi oleva tietämättömyydestä syntynyt epäilys Itsestä!   42

Aum, Tat, Sat.

Pyhän Bhagavad Gitan upanishadissa – Herra Krishnan keskustelussa Arjunan kanssa, joka on joogan pyhä kirjoitus ja Jumal-oivalluksen tiede – tämä on neljäs luku nimeltään "Jnana-jooga (Jumalallisen tietämyksen kautta saavutettava yhteys)".

V: Vapaus sisäisen luopumisen avulla

Kumpi on parempi: palvella maailmaa vai etsiä viisautta eristyksissä?

Arjuna sanoi:

Oi Krishna, puhut teoista luopumisesta, mutta samaan aikaan neuvot tekemään niitä. Kumpi näistä on parempi polku? Kerro minulle totuus. 1

Siunattu Herra vastasi:

Pelastus löytyy sekä luopumisesta että tekojen suorittamisesta. Mutta näistä kahdesta tekojen jooga on parempi kuin teoista luopuminen. 2

Oi Mahtavasti Aseistettu (Arjuna), hänet tunnetaan johdonmukaisena *sannyasina* (luopujana), kahleistaan helposti vapautuvana, jolla ei ole mieltymyksiä eikä vastenmielisyyksiä, sillä dualismit (Luonnon vastakohtien parit) eivät häntä sido. 3

Viisaat eivät niin tee, mutta lapset puhuvat viisauden polun (Sankhya) ja hengellisen aktiivisuuden (joogan) polun eroista. Hän, joka on aidosti asettunut jommallekummalle, korjaa kummankin hedelmät. 4

Viisaiden (*jnana*-joogit, jotka onnistuneesti seuraavat arvostelukyvyn viisauden polkua – Sankhyaa) saavuttama tila on myös niiden ulottuvilla, jotka suorittavat tekoja (*karma*-joogit, jotka onnistuvat suorittamalla joogan tieteellisiä metodeja). Totuuden saavuttaa hän, joka näkee sekä viisauden että oikeat teot yhtenä.[17] 5

---

17 Ks. selitykset esoteeriselle ja eksoteeriselle *jnana- ja karma*-joogalle, s. 52.

Gitan tie vapauteen:
Jumalan meditoiminen plus haluista vapaa toiminta

Mutta luopuminen, oi Mahtavasti Aseistettu (Arjuna)! on vaikea saavuttaa ilman Jumalaan yhdistäviä tekoja (joogaa). Joogaa harjoittamalla *muni* ("hän, jonka mieli on uppoutunut Jumalaan") tavoittaa nopeasti Äärettömän.   6

Mikään tahra (karminen osallistuminen) ei kosketa pyhitettyä toimijaa, joka on kytkeytynyt jumalalliseen yhteyteen (jooga), joka on kukistanut egotietoisuuden (saavuttamalla sieluhavainnon), joka on aistiensa hallitsija ja joka tuntee oman itsensä kaikissa olennoissa olevana Itsenä.
7

Jumalaan yhdistynyt totuuden tuntija havaitsee automaattisesti: "Minä itse en tee mitään" – vaikka hän näkee, kuulee, tuntee, haistaa, syö, liikkuu, nukkuu, hengittää, puhuu, hylkää, hyväksyy ja avaa tai sulkee silmänsä – ymmärtäen, että ne ovat (Luonnon aktivoimat) aistit, jotka työskentelevät aistiobjektien keskellä.   8-9

Niin kuin veden kosteudelta turmeltumattomana säästyvä lootuksenlehti, joogi, joka suorittaa tekonsa luopuen kiintymyksistä ja antaen tekonsa Äärettömälle, pysyy vapaana aistien kahleista.   10

Egon puhdistaakseen joogit suorittavat tekonsa ainoastaan (tekojen instrumenteilla) keholla, mielellä, arvostelukyvyllä tai jopa aisteilla, hyläten kiintymyksen (he eivät salli egon osallistua kiintymyksineen ja mielihaluineen).   11

Jumalaan yhdistynyt joogi, hyläten kiintymyksen tekojen tuloksiin, saavuttaa horjumattoman rauhan (itsekurista syntyneen rauhan). Mielihalut hallitsevat häntä, joka ei ole yhdistynyt Jumalaan; tällaisen kiintymyksen vuoksi hän pysyy kahlittuna.   12

Itse transsendentaalisena todistajana:
Autuuteen uppoutunut, johon maailma ei vaikuta

Ruumiillistunut sielu, aistien hallitsija, joka on mielessään luopunut kaikista aktiviteeteista, jää autuaana kehon yhdeksän portin kaupunkiin – hän ei suorita tekoja eikä pakota muitakaan (aisteja) suorittamaan tekoja.   13

Herra Jumala ei luo ihmisille olen tekojeni tekijä -tietoisuutta eikä Hän aiheuta heidän tekojaan eikä sotke heitä heidän tekojensa seurauksiin. Harhauttava Kosminen Luonto on kaikkien näiden taustalla.   14

Kaikkialla Oleva ei ota huomioon kenenkään hyveitä eikä syntejä. Kosminen harha peittää viisauden, ja siksi ihmiskunta on hämmennyksen vallassa.   15

Mutta heissä, jotka ovat karkottaneet tietämättömyyden Itsen tuntemuksella, ilmentää heidän viisautensa, kuin valaiseva aurinko, Ylimmäisen Itsen.   16

Heidän ajatuksensa ovat sulautuneet Siihen (Henkeen), heidän sielunsa ovat yhtä Hengen kanssa, he vannovat uskollisuutta ja omistautumista ainoastaan Hengelle, heidän olemuksensa ovat puhdistuneet myrkyllisestä harhasta viisauden vastalääkkeellä – sellaiset ihmiset saavuttavat palaamattomuuden tilan.   17

Itse-oivalluksen kokeneet viisaat suhtautuvat tasa-arvoisesti oppineeseen ja nöyrään bramiiniin, lehmään, elefanttiin, koiraan ja kastittomaan.   18

Horjumattoman tyynet ovat jo tässä maailmassa kukistaneet olemassaolon suhteellisuudet (syntymän ja kuoleman, nautinnon ja kivun). Niinpä he istuvat Hengen valtaistuimella – totisesti, tahraton ja täydellisen tasapainoinen Henki.   19

Ylimmäiseen Olemukseen asettunut Hengen tuntija on horjumattoman arvostelukykyinen ja vapaa harhasta; näin hän ei juhlista menestystä eikä masennu epämiellyttävistä kokemuksista.   20

Aistimaailman yläpuolelle nouseminen, tuhoutumattoman autuuden saavuttaminen

Koska joogi ei viehäty aistimaailmasta, hän kokee synnynnäisesti It-sessä olevaa alati uutta iloa. Kun sielu on jumalallisessa yhteydessä Hen-keen, hän saavuttaa tuhoutumattoman autuuden. 21

Oi Kuntin Poika (Arjuna)! Koska aistinautinnot johtuvat kosketuk-sista ulkomaailmaan ja niillä on alku ja loppu (ne ovat ohikiitäviä), niistä ei aiheudu kuin kurjuutta. Yksikään viisas ei etsi niistä onnea. 22

Joka tässä maailmassa aina kuolinhetkeensä asti pystyy hallitsemaan jokaisen halun ja vihan mielijohteen, on todellinen joogi. Hän on onnel-linen ihminen! 23

Vain sisäisen Autuuden haltuunsa saanut joogi, joka lepää sisäisellä Perustalla ja joka on yhtä sisäisen Valon kanssa, muuttuu yhdeksi Hen-gen kanssa (päästyään vapaaksi fyysiseen, astraaliseen ja käsitteelliseen kehoon liittyvästä karmasta). Hän saavuttaa täydellisen vapauden Hen-gessä (jopa eläessään kehossa). 24

Kun synnit on tuhottu, epäilykset karkotettu, aistit alistettu, *rishit* (viisaat) saavuttavat vapautumisen Hengessä ja samalla edesauttavat ih-miskunnan hyvinvointia. 25

Mielihalujen ja vihan tuolla puolen olevat luopujat, jotka hallitsevat mieltään ja ovat kokeneet Itse-oivalluksen, ovat täydellisen vapaita sekä tässä että tuonpuoleisessa maailmassa. 26

Muni – hän, joka pitää vapautumista elämän ainoana tavoitteena ja siksi vapauttaa itsensä kaipauksesta, peloista ja vihasta – hallitsee aiste-jaan, mieltään ja älyään ja poistaa niiden kontaktit ulkoiseen. Tämä ta-pahtuu (tekniikalla), jolla tasoitetaan eli neutralisoidaan sieraimissa sisään- ja uloshengityksenä ilmenevä *prana* ja *apana*. Hän keskittää kat-seensa kulmakarvojen väliin (ja muuntaa näin fyysisen näköaistin kak-soisvirtauksen yhdeksi kaikkinäkevän astraalisilmän virtaukseksi). Täl-lainen *muni* vapautuu täydellisesti.[18] 27–28

Hän, joka tietää Minut pyhien riittien (*yajnat*) ja (seuraajien)

18 Ks. sivun 93 tietolaatikko.

uhrilahjojen Vastaanottajana, tuntee minut Luomakunnan Äärettömänä Herrana ja kaikkien luotujen Ylimpänä Ystävänä, hän löytää rauhan. 29

Aum, Tat, Sat.

Pyhän Bhagavad Gitan upanishadissa – Herra Krishnan keskustelussa Arjunan kanssa, joka on joogan pyhä kirjoitus ja Jumal-oivalluksen tiede – tämä on viides luku, jonka nimi on "Toiminnan tuloksista luopumisella saavutettava yhteys".

Kriya-jooga: Gitan ylivertainen vapautumisen tekniikka

Näissä kahdessa säkeistössä [V:27–28] sekä IV:29-säkeessä Gita hylkää abstraktiot ja yleistykset ja kertoo täsmällisestä pelastukseen johtavasta tekniikasta – *kriya*-jooga – –

Erityisen *kriya*-joogatekniikan avulla *pranan* sisäänhengitys ja *apanan* uloshengitys muunnetaan viileiksi ja lämpimiksi virtauksiksi. *Kriya*-joogan harjoittamisen alussa oppilas tuntee viileän *prana*-virtauksen kulkevan ylös selkärankaa pitkin ja lämpimän *apana*-virtauksen alas selkärankaa pitkin –
– Kun *kriya*-joogi oppii sulauttamaan sisään ja ulos kulkevan hengityksen havainnoksi selkärankaa pitkin ylös ja alas kulkevista viileistä ja lämpimistä virtauksista, silloin hän tuntee näiden sisäisten virtausten ylläpitävän elämänvoimaa hänen kehossaan niiden sivutuotteen eli hengityksen sijasta – –

Joogi huomaa vähitellen, että nämä kaksi selkärankavirtausta muuttuvat yhdeksi elämänvoimaksi, joka magneetin lailla vetää puoleensa *pranan* vahvistuksia kaikista kehon soluista ja hermoista. Tämä vahvistunut elämänvoima virtaa ylöspäin kulmakarvojen väliseen pisteeseen ja se nähdään kolmivärisenä pallomaisena astraalisilmänä: loistavan auringon keskellä on sininen alue, joka ympäröi kirkasta säkenöivää tähteä. Jeesus viittasi tähän "yksittäiseen" silmään keskellä otsaa ja totuuteen, että koko keho muodostuu pohjimmiltaan valosta, sanomalla: "Jos siis silmäsi on yksittäinen, niin koko sinun ruumiisi on valaistu." – –

Tämä Gitan säkeistö korostaa tarvetta neutralisoida tai "tasoittaa" *pranan* ja *apanan* virtaukset. Tämä saadaan aikaan harjoittamalla *kriya*-joogaa, joka lataa kehon solut sisäisellä kosmisella elämällä, jolloin sisään- ja uloshengitys tasoittuvat – eli lakkaavat ja muuttuvat tarpeettomiksi – – Hengitys tyyntyy, elämä tyyntyy, aistimukset ja ajatukset liukenevat. Joogin aivo-selkärankakeskuksissa havaitsema elämän ja tietoisuuden jumalallinen valo muuttuu yhdeksi Kosmisen Valon ja Kosmisen Tietoisuuden kanssa – –

Tämän tieteellisen vaihe vaiheelta etenevän metodin avulla joogi kohoaa todella aistien yläpuolelle, eikä vain hyödyttömän mielikuvaharjoituksen tasolla – – Hän oppii kääntämään tieteellisesti viidestä aistikanavasta tulevat virtaukset selkärankaan ja aivoihin ja näin yhdistämään tietoisuutensa korkeampien hengellisten havaintojen iloon seitsemässä keskuksessa. Kun joogi pystyy aktiivisenakin pysyttelemään jumalallisen autuuden tilassa, hän ei enää sotkeudu mielihaluihin ulkoisista asioista saatavia nautintoja kohtaan. Jumalallisen oivalluksen tyyneyttä säteilevänä häntä ei enää häiritse pelko ja viha, jotka syntyvät aineellisten mielihalujen tyydyttymättömyydestä. Hän huomaa, että sielu ei ole enää sidottu materiaan, vaan se on ikuisesti yhtä Hengen kosmisen autuuden kanssa.

VI: Pysyvä turvapaikka Hengessä joogameditaation avulla

Aito luopuminen ja aito jooga ovat riippuvaisia meditaatiosta

Siunattu Herra sanoi:

Todellinen luopuja sekä todellinen joogi on sellainen, joka suorittaa velvollisuutensa ja hengelliset toimensa (*karyam* ja *karma*) halajamatta niiden tuloksia – ei sellainen, joka ei suorita tuliriittiä (uhrausta) eikä sellainen, joka hylkää toiminnan.   1

Ymmärrä, oi Pandava (Arjuna), että mitä pyhissä kirjoituksissa sanotaan luopumisesta, on sama kuin jooga; sillä hän, joka ei ole sanoutunut irti itsekkäistä motiiveista (*sankalpa*), ei voi olla joogi.   2

Kun kohoamista havitteleva *muni* harjoittaa meditatiivista toimintaa (*karma*) jumalallisen yhteyden (jooga) saavuttamiseksi, siitä puhutaan "hänen polkunaan"; kun hän hallitsee tämän joogan, tekemättömyydestä puhutaan "hänen polkunaan".   3

Hän, joka on kukistanut kiintymyksensä sekä aistiobjekteihin että tekoihin ja joka on vapaa kaikista egon lietsomista suunnitelmista – sellaisen ihmisen sielun sanotaan tulleen tiukasti yhdeksi Hengen kanssa.   4

Pienen itsen (egon) muuntaminen jumalalliseksi Itseksi (sieluksi)

Anna ihmisen kohottaa itse (egonsa) itsen avulla; älä anna itsen joutua itsensä alentamaksi (vaivutetuksi alakuloon). Totta on, että itse on itsensä ystävä, mutta myös itsensä vihollinen.   5

Hänelle, jonka Itse (sielu) on kukistanut itsen (egon), Itse on itsen ystävä; mutta totisesti, Itse käyttäytyy vahingollisesti vihollisen lailla sellaista itseä kohtaan, jota ei ole kukistettu.[19]   6

Itsen (egon) voittanut tyyni viisas on asettunut täysin Ylimmäiseen Itseen (Henkeen), kohtasipa hän sitten kylmää tai kuumaa, nautintoa tai tuskaa, ylistystä tai soimausta.   7

Joogin, joka on onnellisesti uppoutunut totuuteen ja Itse-oivallukseen, sanotaan olevan lähtemättömästi yhdistynyt Henkeen. Muuttumattomana tämä aistiensa valloittaja katsoo samoilla silmin niin maata, kiveä kuin kultaakin.   8

Hän on ylivertainen joogi, joka katsoo tasa-arvoisesti kaikkia ihmisiä – ylimyksiä, ystäviä, vihamiehiä, muukalaisia, rauhanneuvottelijoita, inhottavia olentoja, sukulaisia, hyveellisiä sekä jumalattomia.   9

Krishnan neuvot menestykselliseen joogan harjoittamiseen

Vapaana alati täyttymistä vaativista toiveista ja omaisuudenhimosta, sydän (tuntemisen aallot) sielun (joogakeskittymisen avulla) hillitsemänä, vetäytyen yksin hiljaiseen paikkaan, joogin tulee pyrkiä jatkuvasti yhdistymään sielun kanssa.   10

Joogin puhtaassa paikassa sijaitseva istuin pitää olla tukeva (ei hutera), ei liian korkea eikä liian matala ja päällystetty ensin *kusha*-ruoholla, sitten peuran- tai tiikerintaljalla ja sitten kankaalla.   11

Tälle istuimelleen asettuneena, keskittäen mielensä yhteen pisteeseen, kontrolloiden mielikuvitustaan (*chittaa*, tunnetta – visualisoivaa voimaa) ja aistejaan, hän harjoittakoon joogaa puhdistaakseen itsensä.   12

Pitäen tiukasti selkärankansa, niskansa ja päänsä suorassa ja liikkumatta, joogi keskittäköön silmänsä nenän alkupisteeseen (kulmakarvojen väliseen pisteeseen); hänen katseensa ei saa harhailla eri suuntiin.   13

Tyynenä ja pelottomana, järkkymättömänä *brahmacharyassa*, hilliten mieltään, ajatuksensa Minuun keskittäneenä, joogin tulee istua, meditoiden Minua Lopullisena Päämääränä.   14

19 Ks. säkeiden 5 ja 6 selitys s. 48–9.

Itsensä hallitseva joogi – hän, jonka mieli on täydellisesti hallin-
nassa – kytkee sielunsa loppumattomaan meditatiiviseen liittoon Hen-
gen kanssa, ja saavuttaa Minun olemukseni rauhan: lopullisen Nirvanan
(vapautuksen).   15

Oi Arjuna! Ahmatti tai niukasti syövä, liikaa ja liian vähän nukkuva
– kukaan heistä ei onnistu joogassa.   16

Hän, joka syö säännöllisesti, rentoutuu, työskentelee, nukkuu ja py-
syy valveilla, huomaa joogan tuhoavan kaiken kärsimyksen.   17

Itsensä ja mielensä hallinnan saavuttaminen

Kun *chitta* (tunne) on täysin hallinnassa ja asettunut tyynesti Itseen,
joogi ei ole kiintynyt mihinkään mielihaluun, ja hänestä puhutaan Ju-
mal-yhteyden saavuttaneena.   18

Tuulettomassa tilassa palavaa värisemätöntä liekkiä voidaan pitää
vertauskuvana joogille, joka on Itseä meditoimalla kukistanut tunteensa
(*chittan*).   19

Tila, jossa joogameditaation avulla on saavutettu tunteen (*chittan*)

Mitä on brahmacharya (säkeistö 14)?

[Yleisesti ymmärretty – etenkin seksuaali-impulsseja koskevana –
itsehillintänä. *Brahmacharya* on yksi viidestä *yamasta* (uskonnollisista
säännöistä), joista puhutaan Patanjalin kahdeksanvaiheisen joogapolun
ensimmäisenä askeleena. Kommentoidessaan säettä 14 Paramahansa
Yogananda kirjoitti:]

"*Brahmacharyaa* tiukasti noudattava on pyhälle elämälle uskollinen
selibaatin harjoittaja, joka sitoutuu hengelliseen opiskeluun ja itsekuriin.
Veda-kirjoitusten ohjeissa tämä oli kaikkien hengellisyyttä tavoittelevien
hengellisen elämän alku. '*Brahmachari-vratella*' on myös syvempi
merkityksensä tässä yhteydessä: kirjaimellisesti: 'hän, jonka tekojen alue
tai omistautumisen teko (*vrata*) on *Aumin* (*brahma*: pyhä ääni, *shabda-
brahman*) harjoittaminen (*chāra*)'. Niinpä pätevä *brahmachari* on sellainen,
joka *Aumia* meditoimalla vaeltaa tai etenee Luojana tai Pyhänä Värähtelynä
(*Aum*, Amen tai Pyhä Henki) ilmenevässä Brahmanin valtakunnassa."

täydellinen tyyneys, jossa itse (ego) havaitsee itsensä Itsenä (sieluna), ja
on täysin tyytyväinen (järkkymätön) Itsessä;   20

Tila, jossa havahtunut intuitiivinen äly tulee tietoiseksi aistit ylittä-
västä mittaamattomasta autuudesta ja jossa joogi pysyy valtaistuimella,
eikä voi milloinkaan joutua sieltä poistetuksi;   21

Tila, jota joogi pitää aarteista arvokkaimpana sinne päästyään –
sinne juurtuneena hän on immuuni suurimmillekin suruille;   22

Tämä tila tunnetaan nimellä jooga – kivuton tila. Siksi joogaa tulee
harjoittaa päättäväisesti ja vakain sydämin.   23

Luovu ilman poikkeuksia kaikista *sankalpoista* (suunnitelmista) syn-
tyvistä kaipauksista ja hallitse täydellisesti, pelkästään mielen avulla, ais-
tielimiä, aistivoimia ja niiden kontakteja kaikkialla läsnä oleviin aistiob-
jekteihin.   24

Intuitiivinen arvostelukyky kyllästettynä kärsivällisyydellä, mieli su-
lautuneena sieluun, joogi, vapauttaen mielensä kaikista ajatuksista, saa-
vuttaa hitaasti ja asteittain tyyneyden.   25

Aina kun oikukas ja levoton mieli lähtee harhailemaan – mistä ta-
hansa syystä – joogin täytyy vetää se pois noista häiriötekijöistä ja palaut-
taa se yksinomaan Itsen hallintaan.   26

Joogi, joka on tyynnyttänyt mielensä täydellisesti, joka hallitsee
kaikki intohimonsa ja on vapauttanut ne kaikista epäpuhtauksista,[20] ja
joka on yhtä Hengen kanssa – hän on totisesti saavuttanut ylimmäisen
siunauksen tilan.   27

Kaikista epäpuhtauksista vapaa joogi, joka sitoo taukoamattomasti
Itsen joogan aktiviteettiin (jumalalliseen yhteyteen), saavuttaa jatkuvan
Henkeen sulautumisen siunauksellisuuden.   28

Kun sielu on joogan avulla yhdistetty Henkeen ja kun kaikki asiat
nähdään yhdenvertaisina, joogi näkee (Henkeen yhdistyneen) Itsensä
kaikissa olennoissa ja kaikki olennot Hengessä.   29

Hän, joka näkee Minut kaikkialla ja kaiken Minussa, ei milloinkaan

---

20 Kirjaimellisesti: "hänet on vapautettu kaikista epäpuhtauksista". Sanotaan, että joogi itse on vapaa
kaikista epäpuhtauksista, kun hän keskittymisen avulla vaientaa kaikki mielen toiminnot ja sen
intohimot, jolloin ne vapautuvat dualismien tahroista.

kadota Minua näkyvistään, enkä Minä kadota häntä.   30

Sellainen joogi pysyy ikuisesti Minussa, joka, olemassaolon ilmene-
mismuodostaan riippumatta jumalalliseen yhteyteen ankkuroituneena,
oivaltaa Minun olevan jokaisen olennon jokaisessa osassa.   31

Oi Arjuna, paras joogi on sellainen, joka tuntee myötätuntoa muita
kohtaan, olipa kyse surusta tai nautinnosta, ja tuntee muiden kokemuk-
set kuin ominaan.   32

Herran lupaus: Sinnikäs joogi tulee
lopulta olemaan voitokas

Arjuna sanoi:

Oi Madhusudana (Krishna), levottomuuteni tähden en ole huoman-
nut joogalla pysyvää tyynnyttävää vaikutusta, josta olet minulle kerto-
nut.   33

Sillä totisesti mieli on epävakaa, myllertävä, väkevä, uppiniskainen!
Oi Krishna, mielestäni on mieltä yhtä vaikea hallita kuin tuulta!   34

Siunattu Herra sanoi:

Oi Mahabaho ("mahtavasti aseistettu" Arjuna), mieli epäilemättä on
oikukas ja kuriton; mutta joogaa harjoittamalla ja intohimottomuudella,
oi Kuntin Poika (Arjuna), mieltä voi kaikesta huolimatta hallita.   35

Tämä on Minun sanani: Kontrolloimattoman ihmisen on vaikea saa-
vuttaa joogaa, mutta itsensä hillitsevä voi tavoittaa sen soveltamalla sin-
nikkäästi oikeita metodeja.   36

Arjuna sanoi:

Oi Krishna! Mitä tapahtuu joogassa epäonnistuvalle – sellaiselle, joka
on yrittänyt omistautuen meditoida, mutta joka ei ole onnistunut hillit-
semään itseään, koska mieli on lähtenyt aina harhailemaan joogaharjoi-
tuksen aikana?   37

Eikö joogi tuhoudu kuin hälvennyt pilvi, ellei hän löydä tietään
Brahmanin (Hengen) luo – jääden näin Hänen suojaansa vaille ja vajo-
ten harhaan, hän eksyy molemmilta poluilta (Jumal-yhteyden ja oikean

toiminnan poluilta)?[21] 38

Poista ikuisiksi ajoiksi epäilykseni, oi Krishna! Sillä kukaan Sinua lukuun ottamatta ei pysty karkottamaan epävarmuuksiani. 39

Siunattu Herra sanoi:

Oi Arjuna, Minun poikani! Hyvien tekojen tekijä ei milloinkaan tuhoudu. Olipa hän tässä tai tuonpuoleisessa maailmassa, hän ei milloinkaan vajoa pahan syöveriin! 40

Epäonnistunut joogi pääsee hyveellisten maailmaan, missä hän viettää monituisia vuosia; sen jälkeen hän syntyy uudelleen maan päälle hyvään ja vauraaseen kotiin. 41

Tai hän saattaa uudelleensyntyä valaistuneiden joogien perheeseen; totisesti, sellainen syntymä on paljon vaikeampi saavuttaa täällä maan päällä! 42

Siellä, oi Arjuna, hän löytää uudelleen entisen olemassaolonsa joogisen arvostelukyvyn ja pyrkii ankarammin hengelliseen menestykseen. 43

Aiemman elämän joogaharjoitteiden voima riittää työntämään joogia eteenpäin polullaan kuten ennen. Jopa teoreettisen joogan innokas opiskelija on edistyneempi kuin ulkoisesti pyhiä rituaaleja noudattava. 44

Seuraamalla tunnollisesti polkuaan, monien syntymien ponnistelun kautta täydelliseksi hioutunut joogi, puhdistetaan synnistä (karmisista tahroista) ja hän pääsee lopulta Ylimmäiseen Autuuteen. 45

Joogia pidetään suurempana kuin kehoaan kurittavia askeetikkoja, jopa suurempana kuin viisauden polun tai toiminnan polun seuraajia; ole sinä siis, oi Arjuna, joogi![22] 46

Hän, joka omistautuen sulauttaa itsensä Minuun, sielu uppoutuneena Minuun, häntä Minä pidän kaikista joogeista tasapainoisimpana.

---

21 Viittaus kahteen polkuun, jotka mainitaan tämän luvun ensimmäisessä säkeistössä: Joogia kuvaillaan sellaiseksi, joka seuraa pääasiallisesti ekstaattisen meditaation polkua päästäkseen Jumal-yhteyteen. Luopuja on puolestaan sellainen, joka seuraa sisäisen luopumisen polkua ja suorittaa velvollisuutensa ja meditatiiviset toimensa, muttei kiinny eikä koe himoa niiden tuloksiin. Sekä meditatiivinen joogi, joka ei kiinny mihinkään, että aktiivinen sisäistä luopumista harjoittava hengellisen tien kulkija, joka meditoi, ovat kumpikin ihanteellisia joogeja, jotka pyrkivät Jumal-yhteyteen. Tässä säkeistössä kerrotaan niiden joogien kohtalosta, jotka eivät ole täysin onnistuneet pyrkimyksissään.

22 Ks. tämän säkeen selitys s. 49 eteenpäin.

47

Aum, Tat, Sat.

Pyhän Bhagavad Gitan upanishadissa – Herra Krishnan keskustelussa Arjunan kanssa, joka on joogan pyhä kirjoitus ja Jumal-oivalluksen tiede – tämä on kuudes luku, jonka nimi on "Dhyana-jooga (Yhteys meditaation avulla)".

SEITSEMÄS LUKU

VII: Hengen Luonto ja Luonnon Henki

"Kuule, miten oivallat Minut"

Siunattu Herra sanoi:

Oi Partha (Arjuna), sulauta mielesi Minuun, turvaudu Minuun ja seuraa joogan polkua – kuule, miten oivallat Minut vailla epäilyksen häivää ja kokonaisuudessaan (tunnet Minut kaikkine ominaisuuksineni ja voimineni). 1

Kerron sinulle mitään pois jättämättä sekä teoreettisesta viisaudesta että viisaudesta, jonka voi saavuttaa ainoastaan intuitiivisella oivaltamisella – kun nämä opit, mikään tässä maailmassa ei ole sinulle tuntematonta. 2

Tuhansien joukosta kenties yksi tavoittelee hengellistä päämäärää, ja noiden siunattujen, aitojen etsijöiden, jotka Minut uutterasti yrittävät saavuttaa, joukosta ehkä yksi näkee Minut sellaisena kuin olen. 3

Prakriti: Luomakunnan Hengen dualistinen luonto

Minun ilmenevällä luonnollani (Prakriti) on kahdeksanosainen erittely: maa, vesi, tuli, ilma, eetteri, aistimieli (*manas*), äly (*buddhi*) ja egoismi (*ahamkara*). 4

Siksi siis alempi luontoni (Apara-Prakriti). Mutta ymmärrä tämä, oi Mahtavasti Aseistettu (Arjuna)! Minun toisenlainen ja korkeampi luontoni (Para-Prakriti) on *jiva*, itsetietoisuus ja elämän periaate, joka ylläpitää kosmosta. 5

Ymmärrä, että nämä kaksijakoiset Luontoni, puhdas ja epäpuhdas Prakriti, ovat kaikkien olentojen kohtu. Olen koko maailmankaikkeuden Alkuunpanija ja myös Hajottaja. 6

Miten Luoja ylläpitää ilmenevää luomakuntaa

Oi Arjuna! Mitään Minua korkeampaa ei ole, eikä ole mitään Minun
tuolla puolen. Kaikki asiat (olennot ja objektit) ovat sidoksissa Minuun
niin kuin helmet nauhassa.   7

Oi Kuntin Poika (Arjuna), olen vetten virtaavuus, olen kuun ja aurin-
gon säteily, olen *Aum* (*pranava*) kaikissa Vedoissa, ääni eetterissä ja mie-
hekkyys miehissä.   8

Olen maasta uhkuva ravitseva tuoksu, tulen valovoima olen Minä,
olen elämä kaikissa olennoissa ja kaikkien erakkojen itsekuri.   9

Tiedä, että olen kaikkien olentojen ikuinen siemen, oi Prithan Poika
(Arjuna)! Olen älykkäiden ymmärrys ja elinvoimaisten olentojen sä-
teily.   10

Väkevien joukossa, oi Bharatojen Paras (Arjuna), olen se voima, joka
on vapaa kaipauksista ja kiintymyksistä. Olen ihmisissä se halu, joka on
sopusoinnussa *dharman* (oikeamielisyyden) kanssa.   11

Tiedä, että kaikki *sattvan* (hyvän), *rajasin* (aktiivisuuden) ja *tamasin*
(pahan) ilmentymät kumpuavat minusta. Vaikka ne ovat Minussa, Minä
en ole niissä.   12

Kosminen hypnoosi (*maya*) ja keino nousta sen yläpuolelle

Tämä kuolevaisten olentojen maailma ei havaitse minua, muuttu-
matonta ja kaikkien ominaisuuksien tuolla puolen olevaa, sillä Luonnon
kolme piirrettä harhauttaa heidät.   13

On todella vaikeaa päästä eroon kolmen ominaisuuden kyllästämän
jumalallisen kosmisen hypnoosini vaikutuspiiristä. Vain ne, jotka tur-
vautuvat Minuun (Kosmiseen Hypnotisoijaan), vapautuvat tuon illuusion
voiman vallasta.   14

Ihmisistä alhaisimmat, pahantekijät ja harhaanjohdetut hölmöt, joi-
den arvostelukyvyn *maya* (harha) on varastanut, seuraavat paholaismais-
ten olentojen polkua eivätkä turvaudu minuun.   15

Kärsivät, viisauden etsijät, valtaa tässä ja tuonpuoleisessa janoavat[23]

---

23 *Artharthi*, kirj.: "hän, jolla on polttava halu saavuttaa päämääränsä tai tavoitteensa"; eli hän, joka

sekä viisaat – nämä, oi Arjuna, edustavat oikeamielisten ihmisten neljää tyyppiä, jotka etsivät Minua. 16

Heidän joukossaan viisas on ylimmäinen, aina vakaa ja yhdelle omistautunut. Sillä Minä olen viisaalle perin kallisarvoinen ja hän on perin kallisarvoinen Minulle. 17

Kaikki nämä (neljä ihmistyyppiä) ovat yleviä, mutta viisasta pidän totisesti Minun omana Itsenä. Hän on asettunut järkähtämättömästi Minuun ainoana päämääränään. 18

Monien inkarnaatioiden jälkeen viisas saavuttaa minut ja oivaltaa: "Herra on kaikkialla ja kaikessa!" Niin valaistunutta ihmistä on vaikea löytää. 19

Mitä "Jumalaa" meidän pitäisi palvoa?

Taipumustensa johdattamana, heidän arvostelukykynsä tämän tai tuon mieliteon varastamana, harjoittaen tämän tai tuon kultin määräystä, ihmiset etsivät vähäisempiä jumalia. 20

Mitä tahansa ruumiillistumaa (Jumalan inkarnaatiota, pyhimystä tai jumalolentoa) hengellisen tien kulkija pyrkiikin uskollisesti palvomaan, juuri Minä teen tuosta omistautumisesta järkähtämätöntä. 21

Tähän omistautumiseensa uppoutuneena, tätä ruumiillistumaa määrätietoisesti palvoen, hän korjaa näin kaipaustensa hedelmät. Mutta totisesti se olen Minä, joka ainoana voin tuon täyttymyksen suoda. 22

Mutta vähäisesti tietävien (vähäisempien jumalolentojen palvojien) tulokset ovat rajallisia. Jumalolentojen palvojat menevät niiden luokse; Minun seuraajani tulevat Minun luokseni. 23

Viisautta vailla olevat luulevat, että Minä, Ilmentymätön, ottaisin hahmon (niin kuin kuolevaiset ottavat hahmon) – mutta he eivät ymmärrä Minun ylittämätöntä tilaani, Minun muuttumatonta, sanomatonta luontoani. 24

janoaa täyttymyksen valtaa nykyisyydessä ja tuonpuoleisessa.

Hengen havaitseminen Luonnon univarjojen taustalla

Kätkeydyn näennäisesti Minun *Jooga-Mayani* (Luonnon kolminais-
ten ominaisuuksien synnyttämä harha) taakse, eivätkä ihmiset näe Mi-
nua. Hämmentynyt maailma ei tunne Minua, Syntymätöntä, Kuolema-
tonta.   25

Oi Arjuna, olen tietoinen menneistä, nykyisistä ja tulevista olen-
noista; mutta kukaan ei tunne Minua.   26

Oi Bharatojen Jälkeläinen, Vihollisten Polttaja (Arjuna)! Syntymässä
kaikki olennot uppoavat harhaiseen tietämättömyyteen *(moha)*, mikä
johtuu kaipuusta ja vastenmielisyydestä syntyvien vastakohtien parien
harhasta.   27

Mutta oikeamieliset, joiden synnit on tuhottu ja jotka eivät enää lan-
kea vastakkaisuuksien harhoihin, palvovat minua päättäväisesti.   28

Ne, jotka etsivät vapautusta rappiosta ja kuolemasta turvautuen Mi-
nuun, tuntevat Brahman (Absoluutti) ja *Adhyatman* (sielu Hengen säi-
lönä) kaikenkattavuuden ja karman kaikki salaisuudet.   29

Ne, jotka havaitsevat Minut *Adhibhutassa* (fyysinen), *Adhidaivassa*
(astraalinen) ja *Adhiyajnassa* (hengellinen) ja joiden sydän on yhteydessä
sieluun, havaitsevat Minut edelleen jopa kuolinhetkellään.   30

Aum, Tat, Sat.

Pyhän Bhagavad Gitan upanishadissa – Herra Krishnan keskustelussa Arjunan
kanssa, joka on joogan pyhä kirjoitus ja Jumal-oivalluksen tiede – tämä on
seitsemäs luku, jonka nimi on "Tiedon jooga ja arvostelukykyinen viisaus".

VIII: Tuhoutumaton Absoluutti: Luomisen ja vetäytymisen syklien tuolla puolen

Hengen ilmentymät makrokosmoksessa ja mikrokosmoksessa

Arjuna sanoi:

Oi Purushojen Ylin (Krishna)! Kerro minulle, mikä on Brahman (Henki)? Mikä on *Adhyatma* (*Kutastha*-tietoisuus, joka on kosmoksessa kaikkien ilmentymien taustalla ja olemassa kaikkien olentojen sieluina)? Ja mitä on Karma (*Aumista* syntyneet kosmiset ja meditatiiviset teot)? Mikä on *Adhibhuta* (fyysisissä olennoissa ja aineellisessa kosmoksessa läsnä oleva tietoisuus)? Ja mikä on *Adhidaiva* (astraalikehoissa ja astraalikosmoksessa ilmenevä tietoisuus)?　　　1

Oi Madhu-demonin Surmaaja (Krishna)! Mikä on *Adhiyajna* (Ylimmäinen Luova ja Tiedostava Henki) ja millä tavalla *Adhiyajna* on läsnä (sieluna) tässä kehossa? Ja miten itsensä hallitsevat tulevat tuntemaan Sinut kuoleman hetkellä?　　　2

Siunattu Herra vastasi:

Tuhoutumaton ja Ylimmäinen Henki on Brahman. Sen eriytymätöntä ilmentymää (*Kutastha Chaitanyana* ja yksittäisenä sieluna) kutsutaan *Adhyatmaksi*. Aumia (Kosminen Värähtely eli *Visarga*), joka aiheuttaa olentojen syntymän, elämän ja katoamisen ja niiden erilaisen luonnon, kutsutaan Karmaksi (kosminen toiminta).　　　3

Oi Ylimmäinen Ruumiillisten Joukossa (Arjuna)! *Adhibhuta* on fyysisen olemassaolon perusta, *Adhidaiva* on astraalisen olemassaolon perusta ja Minä, joka olen Henki kehoissa ja kosmoksessa, olen *Adhiyajna*

(Kausaalinen Alkuperä, Suuri Uhraaja ja kaiken Tekijä ja Tietäjä). 4

Joogin kokemus kuoleman hetkellä

Viimeiseksi: hän, joka ajattelee vain Minua kuolemansa hetkellä, menee Minun Olemukseeni, kun kehosta aika jättää. Tämä on kiistämätön totuus. 5

Oi Kuntin Poika (Arjuna), kuolevan ihmisen viimeinen ajatus – perustuen hänen pitkään pysyvyyteensä siinä – määrittää hänen seuraavan olemassaolonsa tilan. 6

Muista siis aina Minut ja ryhdy toimeliaisuuden taistoon! Luovuta Minulle mielesi ja ymmärryksesi! Niin tulet varmasti Minun luokseni. 7

Hän saavuttaa Ylimmäisen Loisteliaan Herran, oi Partha (Arjuna)! jonka joogan tasapainottama mieli on järkähtämättömästi kiinnittynyt ajatukseen Hänestä. 8

Kuoleman hetkellä joogi tavoittaa Ylimmäisen Loisteliaan Herran, jos hän rakkaudella ja joogan voiman avulla läpäisee täysin elämänvoimansa kulmakarvojen välissä (hengellisen silmän sijaintipaikka) ja jos hän keskittää mielensä järkähtämättömästi Olemukseen, joka säkenöi kuin aurinko kaikkien pimeyden harhojen tuolla puolen – Häneen, jonka hahmo on käsittämätön ja hienoisempi kuin pienin atomi, kaiken Ylläpitäjään, Suureen Hallitsijaan, ikuiseen ja kaikkitietävään. 9–10

Metodi Ylimmäisen saavuttamiseen

Se, jonka Vedojen tuntijat julistavat Muuttumattomaksi, Se, jonka kiintymyksensä häivyttäneet luopujat saavuttavat ja jota he tavoittelevat elämällä kurinalaisesti – kerron sinulle nyt lyhyesti metodista, jonka avulla Se saavutetaan. 11

Hän, joka sulkee kehon yhdeksän porttia[24], joka sulkee mielen sydänkeskukseen ja keskittää koko elämänvoiman isoaivoihin – hän, joka näin harjoittaa vakaasti joogaa ja vakiinnuttaa olemuksensa *Aumiin*, Brahmanin

24 *Sarvadvārāṇi deham*: "kaikki kehon portit". Näiden lukumääräksi tunnistettiin säkeessä V:13 yhdeksän: "yhdeksän portin kehollinen kaupunki". Ne käsittävät kaksi silmää, kaksi korvaa, kaksi sierainta, ulostus- ja lisääntymisaukot ja suun.

Pyhään Sanaan, ja muistaa Minut (Hengen) poistuessaan lopullisesti kehosta, tavoittaa Korkeimman Päämäärän.   12-13

Oi Partha (Arjuna)! Minut saavuttaa helposti sellainen joogi, jonka sydän on täysin omistautunut ja joka muistaa Minut päivittäin, jatkuvasti, ja joka keskittyy tiukasti ainoastaan Minuun.   14

Kun Minun jalot seuraajani ovat saavuttaneet Minut (Hengen), he ovat saavuttaneet ylivertaisen menestyksen; he eivät synny enää uudelleen tähän murheen ja väliaikaisuuden olinpaikkaan.   15

Kosmisen Luomakunnan syklit

Sellaiset joogit, jotka eivät ole vielä vapaita maailmasta, palaavat takaisin (maailmaan) jopa Brahman korkealta tasolta (Jumal-yhteys *samadhissa*). Mutta Minuun (transsendentaaliseen Henkeen) liittymisen jälkeen ei ole jälleensyntymiä, oi Kuntin poika (Arjuna)![25]   16

He tuntevat aidosti "päivän" ja "yön", jotka ymmärtävät Brahman Päivän, joka kestää tuhat sykliä (*yugaa*) ja Brahman Yön, joka kestää samoin tuhat sykliä.   17

Brahman Päivän sarastaessa koko luomakunta syntyy uudelleen ja ilmestyy ilmenemättömyyden tilasta; Brahman Yön laskeutuessa koko luomakunta vajoaa ilmenemättömyyden uneen.   18

Aina vain uudelleen, oi Prithan poika (Arjuna), sama ihmisjoukko joutuu syntymään avuttomana uudelleen. Heidän inkarnaatioidensa sarjat lakkaavat Yön saapuessa, mutta alkavat uudelleen Päivän koittaessa.   19

Mutta ilmenemättömän (ilmenemättömien havaittavan olemisen tilojen) tuolla puolen on olemassa aito Ilmenemätön, Muuttumaton, Absoluutti, jota kosmisen vetäytymisen syklit eivät kosketa.   20

Edellä mainittua Ilmenemätöntä, Muuttumatonta Absoluuttia, kutsutaankin Ylimmäiseksi Päämääräksi. Sen eli Minun korkeimman tilani

---

25 Sanskritin sana *lokas* on tässä säkeessä käännetty "ihmisolennoiksi" (so. niiksi, joilla on vielä kuolevainen tietoisuus), mutta se voidaan tulkita myös "maailmoiksi". Tämän tulkinnan puitteissa säe käännetään seuraavasti ja se toimii johdantona seuraaville säkeille:

"Kaikki maailmat aina Brahman korkeasta tilasta (karkeaan maahan) ovat alisteisia uudelleen ilmenemisen (rajalliselle laille). Mutta ne hengellisen tien kulkijat, oi Arjuna! jotka sulautuvat Minuun, vapautuvat jälleensyntymien taakasta."

saavuttavat eivät synny enää uudelleen.   21

Omistautumalla täydestä sydämestä, oi Pritha (Arjuna), tavoitetaan
tuo Ylimmäinen Ilmenemätön. Vain Hän, Kaikkialla Läsnä Oleva, on
kaikkien olentojen Olinpaikka.   22

Jälleensyntymien sykleistä vapautumisen polku

Julistan nyt sinulle, oi Bharatojen Paras (Arjuna) polusta, jota kulke-
malla joogi saavuttaa vapauden kuolemansa hetkellä, sekä polusta, jonka
päässä odottaa jälleensyntymä.[26]   23

Tuli, valo, päiväsaika, synodisen kuukauden kirkas puoli, auringon
pohjoisen reitin kuusi kuukautta – tätä polkua seuraamalla Jumalan tun-
tevat kulkevat lähtönsä hetkellä Jumalan luo.   24

Savu, yöaika, synodisen kuukauden pimeä puoli, auringon eteläisen
reitin kuusi kuukautta – tätä polkua seuraava saavuttaa ainoastaan kuun-
valon ja palaa sitten maan päälle.   25

Näitä kahta maailmasta poisjohtavaa polkua pidetään ikuisina. Va-
lon polku johtaa vapautukseen, pimeyden polku johtaa jälleensynty-
mään.   26

Näitä kahta polkua ymmärtävä joogi ei milloinkaan vaivu harhoihin
(ja seuraa pimeyden polkua). Sen vuoksi, oi Arjuna! pidättäydy aina tiu-
kasti joogassa.   27

Hän, joka tuntee totuuden kahdesta polusta, hyötyy paljon enemmän
kuin pyhien kirjoitusten tutkija, uhraaja, katuja tai lahjoittaja. Sellainen
joogi saavuttaa hänen Ylimmäisen Alkuperän.   28

Aum, Tat, Sat.

Pyhän Bhagavad Gitan upanishadissa – Herra Krishnan keskustelussa Arjunan
kanssa, joka on joogan pyhä kirjoitus ja Jumal-oivalluksen tiede – tämä on
kahdeksas luku, jonka nimi on "Yhteys Absoluuttisen Hengen kanssa".

---

26 Kuten selitetty kattavassa *God Talks With Arjuna* -kommentaarissa, säkeet 23–28 ovat syvästi
symbolisia joogan tieteestä kertovia katkelmia, joita ei voi ymmärtää kirjaimellisesti lukien.

IX: Kuninkaallinen tieto, kuninkaallinen mysteeri

Suora havainto Jumalasta joogametodien avulla, jotka on "helppo suorittaa"

Siunattu Herra sanoi:

Sinulle, synneistä vapaa, paljastan nyt ylevän mysteerin (Hengen immanentin ja transsendentin luonnon). Kun oivallat intuitiivisesti tämän viisauden, pääset pakenemaan pahasta.　　1

Tämä intuitiivinen oivallus on tieteiden kuningas, kuninkaallinen salaisuus, verraton puhdistaja, *dharman* (ihmisen oikeamielisen velvollisuuden) ydin; se on totuuden suora havaitseminen – katoamaton valaistuminen – joka saavutetaan (joogan) tavoilla, jotka on erittäin helppo suorittaa.　　2

Ihmiset, jotka eivät usko tähän *dharmaan* (jotka eivät omistaudu harjoituksille, jotka tuovat oivalluksen), eivät saavuta Minua, oi Vihollisten Polttaja (Arjuna)! He vaeltavat uudelleen ja uudelleen kuoleman synkistämää *samsaran* polkua (jälleensyntymien kierroksia).　　3

Miten Herra on kaikkialla ja kaikessa luomakunnassa, mutta pysyy silti transsendenttina

Minä, Ilmenemätön, olen kaikkialla ja kaikessa koko maailmankaikkeudessa. Kaikki olennot oleilevat Minussa, mutta Minä en oleile niissä.　　4

Katso Jumalallista Mysteeriäni! jossa kaikki olennot eivät näytä olevan Minussa enkä Minä Itse oleile niissä; silti ainoastaan Minä olen niiden Luoja ja Ylläpitäjä!   5

Ymmärrä se näin: Niin kuin ilma liikkuu vapaasti avaruuden äärettö-myyksissä (*akasha*) ja sen olemus on avaruudessa (mutta ilma ei ole sama asia kuin avaruus), samoin kaikkien olentojen olemus on Minussa (mutta ne eivät ole Minä).   6

Syklin (*kalpa*) lopussa, oi Kuntin Poika (Arjuna)!, kaikki olennot pa-laavat Minun Kosmisen Luontoni (Prakriti) ilmentymättömyyden tilaan. Seuraavan syklin alussa lähetän ne taas eteenpäin.   7

Elvyttämällä Prakritin, Oman emanaationi, uudelleen ja uudelleen luon tämän olentojen katraan, joka on Luonnon äärellisille laeille alisteinen.   8

Nämä toiminnot eivät kuitenkaan kahlitse Minua, oi Rikkauksien Voittaja (Arjuna), sillä olen niiden yläpuolella etäällä ja kiintymättö-mänä.   9

Oi Kuntin Poika (Arjuna), vain minun raskaaksi tekevä läsnäoloni saa Luontoäidin synnyttämään liikkuvan ja liikkumattoman. Minun vuokseni (Prakritin kautta) maailmat pyörivät (luomisen ja vetäytymi-sen) vaihtuvissa sykleissä.   10

Tietämättömät eivät ymmärrä Minun transsendenttia luontoani kaik-kien olentojen Tekijänä eivätkä huomaa läsnäoloani ihmishahmoissa.   11

Näkemyksettömien mielihalut ja ajatukset ja teot ovat turhia, sellaisilla ihmisillä on pahantekijöiden ja demonien harhainen luonto.   12

Mutta *mahatmat* ("suuret sielut"), oi Prithan Poika (Arjuna), ilmai-sevat luonnossaan jumalallisia ominaisuuksia ja tarjoavat poikkeamatto-man mielensä uskollisuuden Minulle, tietäen Minun olevan kaiken elä-män tuhoutumaton Lähde.   13

Minuun lakkaamatta uppoutuneena he kumartavat syvään ihailun vallassa, he omistautuvat sinnikkäästi ylevälle päämäärälleen ja palvovat Minua ja ylistävät Minun nimeäni ikuisesti.   14

Myös muut, suorittaen tiedon *yajnan*, palvovat Minua, Kosmiskehoista Herraa, monin eri tavoin – ensin Monena ja sitten Yhtenä.   15

Olen rituaali, uhraus, uhraus esi-isille, lääkeyrtti, pyhä laulu, sulatettu voi, pyhitetty tuli ja uhrilahja. 16

Tässä maailmassa olen Isä, Äiti, Esi-isä, Säilyttäjä, Pyhittäjä ja Tiedon kaikenkattava Päämäärä, Kosminen *Aum* ja Veda-kirjoitusten tarina. 17

Olen Lopullinen Päämäärä, Ylläpitäjä, Mestari, Todistaja, Suoja, Pakopaikka ja Se Yksi Ystävä. Olen Alkuperä, Vetäytyminen, Perusta, Kosminen Varasto ja Tuhoutumaton Siemen. 18

Minä suon auringon lämmön, oi Arjuna, ja annan sateen langeta tai lakata. Olen Kuolemattomuus ja myös Kuolema; olen Olento (*Sat*) ja Ei-Olento (*Asat*). 19

Jumalan palvonnan oikea metodi

Veda-ritualistit puhdistautuvat synneistä *soma*-riitillä, palvovat Minua *yajnalla* (uhraamalla) ja näin ansaitsevat haluamansa pääsyn taivaaseen. Siellä, astraalijumalolentojen pyhässä valtakunnassa, hengellisen tien kulkijat nauttivat hienovaraisista taivaallisista iloista. 20

Mutta iloittuaan ylevillä korkeammilla seuduilla, sellaiset olennot palaavat hyvän karman loputtua maan päälle. Näin he noudattavat pyhiä sääntöjä, sillä he halajavat (luvattuja taivaallisia) nautintoja ja siksi kulkevat syklistä polkua (maan ja taivaan välillä). 21

Tyydytän Minua Omanaan meditoivien puutteet, heidän, jotka ovat Minun kanssani jatkuvasti yhtä hellittämättömästi palvoen, ja teen heidän saavutuksistaan pysyviä. 22

Oi Kuntin Poika (Arjuna), jopa muiden jumalten palvojat, jotka uhraavat niille uskollisesti, palvovat ainoastaan Minua, mutta eivät oikealla tavalla. 23

Minä olen todella ainoa Nauttija ja kaikkien uhrausten Herra. Mutta he (vähäisempien muotojeni palvojat) eivät tunne todellista luontoani ja siksi epäonnistuvat. 24

Astraalijumalolentojen palvojat menevät heidän luokseen; esi-isien palvojat menevät kuolleiden sielujen luokse; luonnonhenkien luokse menevät niiden etsijät, mutta Minun palvojani tulee Minun luokseni. 25

Jos Minulle annetaan kunnioittavasti ja puhtain mielin lehti, kukka,

hedelmä tai vettä, pidän sitä hyväksyttävänä antaumuksellisena uhrilah-
jana. 26

Mitä sitten teetkin, oi Kuntin Poika (Arjuna), syöt tai noudatat hen-
gellisiä rituaaleja tai annat lahjoja tai harjoitat itsekuria – omista nämä
kaikki uhrilahjoina Minulle. 27

Näin mikään tekosi ei kahlitse sinua hyvään eikä pahaan karmaan.
Kun ankkuroit Itsesi tukevasti Minuun joogan ja luopumisen avulla, voi-
tat vapauden ja tulet Minun luokseni. 28

Suhtaudun puolueettomasti kaikkiin olentoihin. Minulle kukaan ei
ole vastenmielinen eikä rakas. Mutta Minulle sydämensä rakkauden an-
tavat ovat Minussa niin kuin Minä olen heissä. 29

Jopa läpeensä paha, joka hylkää kaiken palvoakseen vain Minua, voidaan
laskea hyvien joukkoon hänen oikeamielisen päätöksensä vuoksi. 30

Hänestä tulee nopeasti hyveellinen ja hän saavuttaa loppumattoman
rauhan. Kerro kaikille vakuuttaen, oi Arjuna, että Minulle omistautunut
ei koskaan vajoa turmioon! 31

Minuun turvautumalla kaikki olennot voivat saavuttaa Ylimmäi-
sen Täyttymyksen – olivatpa he synnissä siinneitä, naisia, vaishyoja tai
sudria. 32

Miten helposti siis pyhitetyt bramiinit (Jumalan eli Brahmanin tun-
tijat) ja hartaat kuninkaalliset viisaat (_rajarishit_) siis Minut saavuttavat-
kaan! Palvo siis ainoastaan Minua (Henkeä), joka olet joutunut tänne vä-
liaikaiseen ja onnettomaan maailmaan. 33

Minuun kiinnitä mielesi, ole Minulle omistautunut, hellittämättä pal-
voen kumarra kunnioittavasti Minun edessäni. Kun olet näin yhdistänyt it-
sesi Minuun, Korkeimpana Päämääränäsi, olet Minun Omani. 34

Aum, Tat, Sat.

_Pyhän Bhagavad Gitan upanishadissa – Herra Krishnan keskustelussa
Arjunan kanssa, joka on joogan pyhä kirjoitus ja Jumal-oivalluksen tiede
– tämä on yhdeksäs luku, jonka nimi on "Yhteys kuninkaallisen tiedon ja
kuninkaallisen mysteerin avulla"._

X: Ilmentymättömän Hengen äärettömät ilmentymät

Syntymätön ja aluton, muodon ja käsitteen tuolla puolen

Siunattu Herra sanoi:

Oi Mahtavasti Aseistettu (Arjuna), kuule lisää ylivertaisia sanojani. Puhun korkeimmaksi hyväksesi sinulle, joka ilomielin kuuntelet. 1

Edes enkelten joukot tai suuret viisaat eivät tunne Minun Luomatonta Luontoani, sillä jopa *devoilla* ja *risheillä* (jotka ovat luotuja olentoja ja tämän vuoksi) on alkuperänsä Minussa. 2

Mutta kaikki, jotka ymmärtävät Minun olevan sekä Syntymätön ja Aluton että Luomakunnan Yksinvaltias – sellaiset ihmiset ovat kukistaneet harhan ja saavuttaneet synnittömän tilan jo silloin, kun he ovat vielä kuolevaisessa kehossa. 3

Jumalan Luonnon moninaiset muunnelmat

Arvostelukyky, viisaus, harhattomuus, anteeksianto, totuus, aistienhillintä, mielenrauha, ilo, suru, syntymä, kuolema, pelko, rohkeus, harmittomuus, mielentyyneys, seesteisyys, itsekuri, hyväntekeväisyys, maine ja pahamaineisuus – nämä erilaiset tilat ovat peräisin ainoastaan Minusta ja ne ovat Minun luontoni muunnelmia. 4–5

Seitsemän Suurta Rishiä, Neljä Muinaista ja Manut (neljätoista) ovat myös luontoni muunnelmia, jotka ovat syntyneet Minun ajatuksestani ja joille on suotu samanlaiset (luovat) voimat kuin Minulla. Näistä alkuunpanijoista ovat peräisin kaikki maanpäälliset elävät olennot.   6

Hän, joka joogan avulla oivaltaa totuuden moninaisista ilmentymis-
täni ja Minun Jumalallisen Joogani luovat ja tuhoavat voimat, on järkäh-
tämättä yhdistynyt Minuun. Tästä ei ole epäilystä.   7

Olen kaiken Lähde; koko luomakunta on peräisin Minusta. Tämän
oivaltaneet viisaat täyttyvät syvästä kunnioituksesta ja palvovat Minua. 8

Heidän ajatuksensa ainoastaan Minussa ja heidän olemuksensa an-
tautuneena Minulle, valistaen toisiaan ja ylistäen aina Minua; seuraajani
ovat tyytyväisiä ja iloisia.   9

Niille, jotka ovat näin alati kiintyneet Minuun ja jotka palvovat Mi-
nua rakastaen, annan arvostelukykyistä viisautta (*buddhi*-jooga), jonka
avulla he saavuttavat Minut täydellisesti.   10

Puhtaasta myötätunnosta Minä, Jumalallinen Sisälläoleilija, sytytän
heissä viisauden loistavan valon, joka karkottaa tietämättömyydestä syn-
tyvän pimeyden.   11

Hengellisen tien kulkija rukoilee kuulevansa vastauksen
Itsensä Herran huulilta:
”Mitä ovat Sinun monet puolesi ja muotosi?”

Arjuna sanoi:

Ylimmäinen Henki, Ylimmäinen Suoja ja Ylimmäinen Puhtaus olet
Sinä! Kaikki suuret viisaat, jumalallinen näkijä Narada, kuten myös
Asita, Devala ja Vyasa ovat kuvailleet Sinua Itsestään-Kehittyneeksi Ikui-
seksi Olennoksi, Alkuperäiseksi Jumalolennoksi, jolla ei ole alkusyytä ja
joka on kaikkialla läsnä. Ja nyt Sinä Itse olet kertonut saman!   12–13

Oi Keshava (Krishna)! Pidän ikuisena totuutena kaikkea, jonka olet
minulle paljastanut. Tosiaan, oi Herrani, edes devat (jumalat) tai danavat
(titaanit) eivät tiedä Sinun olomuotojesi loputtomia muunnelmia.   14

Oi Jumalallinen Purusha, olentojen Alkuperä, kaikkien olentojen
Herra, jumalten Jumala, maailman Ylläpitäjä! Totisesti vain Sinä tunnet
Itsesi Itsesi avulla.   15

Kerro siis minulle kaikki jumalallisista voimistasi ja ominaisuuksistasi, joilla Sinun Kaikkiallinen Läsnäolosi pitää yllä maailmankaikkeutta. 16

Oi Suuri Joogi (Krishna)! Miten minun tulee aina meditoida, jotta voin todella tuntea Sinut? Missä muodoissa ja hahmoissa voin käsittää Sinut, oi Siunattu Herra? 17

Oi Janardana (Krishna)! Kerro minulle enemmän ja tarkemmin Sinun joogavoimistasi ja Itsesi ilmentymistä, sillä en voi koskaan saada tarpeekseni Sinun suloisista sanoistasi! 18

"Kerron sinulle ilmiömäisistä esiintymismuodoistani!"

Siunattu Herra sanoi:

Hyvä on, oi Prinsseistä Paras (Arjuna), kerron sinulle ilmiömäisistä esiintymismuodoistani – mutta ainoastaan merkittävimmistä, sillä Minun olomuotojeni moninaisuus on loputon. 19

Oi Unen Valloittaja (Arjuna)! Minä olen Itse jokaisen olennon sydämessä: Olen heidän Alkuperä, Olemassaolo ja Lopullisuus. 20

Adityojen (kahdentoista loistavan hahmon) joukossa Minä olen Vishnu, valonlähteiden joukossa olen säteilevä aurinko, Marutsien (neljänkymmenenyhdeksän tuulijumalan) joukossa Minä olen Marichi, taivaankappaleiden joukossa olen kuu. 21

Vedojen joukossa olen Sama Veda, jumalten joukossa olen Vasava (Indra), aistien joukossa olen mieli (*manas*) ja olennoissa olen äly. 22

Rudroista (yhdestätoista säteilevästä olennosta) Minä olen (heidän johtajansa) Shankara ("hyväntoivoja"), Yakshoista ja Rakshasoista (astraalipuolihaltijoista) olen Kubera (rikkauksien herra), Vasuista (kahdeksasta elinvoimaa antavasta olennosta) olen Pavaka (tulen jumala, puhdistava voima) ja vuorenhuipuista olen Meru. 23

Ymmärrä myös, oi Prithan poika (Arjuna), että olen pappien päällikkö Brihaspati, kenraaleista olen Skanda ja vesialueista olen valtameri. 24

Maharisheista (mahtavista viisaista) olen Bhrigu, sanojen joukosta olen *Aum*-tavu, *yajnoista* (pyhistä seremonioista) olen *japayajna* (hiljaista, ylitietoista laulua) ja liikkumattomista objekteista olen Himalaja. 25

Puiden joukosta olen Ashvattha (pyhä viikunapuu), *devarisheista* (jumalallisista viisaista) olen Narada, Gandharvojen (puolijumalien) joukosta olen Chitraratha, *siddhojen* (menestyneiden vapautuneiden olentojen) joukosta olen *muni* (pyhimys) Kapila. 26

Tiedä, että oriista olen medestä syntynyt Uchchaihshravas, elefanteista olen Indran valkoinen elefantti Airavata ja miehistä olen keisari. 27

Aseiden joukosta olen salamanisku, nautaeläimistä Kamadhuk (taivaallinen lehmä, joka toteuttaa kaikki mielihalut). Olen Kandarpa (henkilöitynyt luova tietoisuus), lasten syntymän syy, ja käärmeistä olen Vasuki. 28

Naga-käärmeistä olen Ananta (se "ikuinen"), Minä olen Varuna (meren jumala) vesiolentojen joukosta, Pitrien (esivanhempien) joukosta olen Aryama ja kaikista hallitsijoista Minä olen Yama (kuoleman jumala). 29

Daityoista (demoneista ja jättiläisistä) olen Prahlada, mittayksiköiden joukossa olen aika, eläinten joukosta olen petojen kuningas (leijona) ja linnuista olen Garuda ("taivaiden herra", Vishnun kulkuneuvo). 30

Puhdistavien voimien joukosta olen tuulenvire, aseiden käyttäjistä olen Rama, vesieläimistä olen Makara (meren jumalan kulkuneuvo) ja virtojen joukosta olen Jahnavi (Ganges). 31

Kaikista ilmentymistä, oi Arjuna, olen alku, keskikohta ja loppu. Kaikista tiedonhaaroista olen Itsen viisaus ja väittelijöistä arvostelukykyinen logiikka (*vada*). 32

Kaikkien kirjainten joukosta olen A, kaikista yhdisteistä *dvandva* (yhdistävä elementti). Olen Muuttumaton Aika, Olen Kaikkialla Läsnä Oleva Luoja (kaikkialla ja kaikessa oleva Kohtalon Jakaja), jonka kasvot katsovat joka suuntaan. 33

Olen kaiken hajottava Kuolema, olen Syntymä, kaiken tulevan alkuperä. Feminiinisistä ilmentymistä (Prakritin ominaisuuksista) olen maine, menestys, puheen valistava voima, muisti, arvostelukykyinen äly, intuition ymmärtävä ominaisuus ja jumalallisen pidättäytymisen päättäväisyys. 34

Samoista (hymneistä) olen Brihat-Saman, runomitoista olen Gayatri, kuukausista olen Margasirsha (hyväenteinen talvikuukausi) ja vuodenajoista Minä olen Kusumakara, kukkienkantaja (kevät). 35

Olen huijareiden uhkapeli, säteilevien säteily, Minä olen voitto ja eteenpäin kannustava voima, olen *sattvan* ominaisuus hyvien keskuudessa. 36

Vrishnien joukosta olen Vasudeva (Krishna), pandavojen joukosta olen Dhananjaya (Arjuna), *munien* (pyhimysten) joukosta olen Vyasa ja viisaiden joukosta olen älykkö Ushanas. 37

Olen kurittajien vitsa, voittoa tavoittelevien taito; olen myös kaikkien kätkettyjen asioiden hiljaisuus ja kaikkien tietäjien viisaus. 38

Lisäksi Minä olen mikä tahansa, mikä muodostaa lisääntymisen siemenen kaikissa olennoissa. Ei ole olemassa mitään, oi Arjuna, liikkuvaa eikä liikkumatonta, joka voisi olla olemassa ilman Minua. 39

Oi Vihollisten Polttaja (Arjuna), jumalallisten ominaisuuksieni ilmentymiä on rajattomasti; tämä tiivistelmä käsittää vain aavistuksen lisääntyvistä mahtavista voimistani. 40

Jokainen ihmeidentekijä, joka on todellisen vaurauden haltija ja jolla on mahtavia kykyjä, tietää, että nämä kaikki ovat Minun säteilyni ilmentyneitä kipinöitä. 41

Mutta mihin tarvitset, oi Arjuna, tämän viisauden monituisia yksityiskohtia? (Ymmärrä yksinkertaisesti:) Minä, Muuttumaton ja Ikuinen, ylläpidän kosmosta ja olen kaikkialla ja kaikessa kosmoksessa vain yhdellä murto-osalla koko Olemuksestani! 42

Aum, Tat, Sat.

Pyhän Bhagavad Gitan upanishadissa – Herra Krishnan keskustelussa Arjunan kanssa, joka on joogan pyhä kirjoitus ja Jumal-oivalluksen tiede – tämä on kymmenes luku, jonka nimi on "Vibhuti-jooga (Jumalalliset Ilmentymät)".

XI: Ilmestysten Ilmestys:
Herra paljastaa Kosmisen Hahmonsa

Arjuna sanoi:

Olet myötätuntoisesti paljastanut minulle todellisen Itsen salaisen viisauden ja näin karkottanut harhani.   1

Oi Lootuksensilmäinen (Krishna)! Olet kertonut minulle pitkällisesti kaikkien olentojen alusta ja lopusta ja Sinun ikuisesta yksinvaltiudestasi.   2

Oi Suuri! Totisesti olet näin Itsesi julistanut. Mutta kuitenkin, oi Purushottama! janoan nähdä Sinut Jumalallisena Ruumiillistumana (Ishvara-Hahmossasi).   3

Jumala Ishvarana: Kosmoksen Hallitsija

Hindujen pyhissä kirjoituksissa on Jumalalle tuhat nimeä, joista jokainen välittää filosofisen merkityksen erilaisen vivahteen. Purushottama (XI:3) eli "Ylimmäinen Henki" merkitsee Jumalolentoa Hänen korkeimmalla tasollaan – Ilmentymättömänä Herrana luomakunnan tuolla puolen. Ishvara (XI:3) on Jumala Kosmisena Hallitsijana (kantaverbistä *īś*, hallita). Ishvara on Hän, jonka tahdosta kaikki universumit luodaan, ylläpidetään ja hajotetaan säännöllisten syklien mukaisesti.

Vaikka Arjuna hyväksyy täysin Herran totuuden Purushottamana, hänen ihmissydämensä haluaa nähdä Hänet Ishvarana, Jumalallisena Hallitsijana, jonka keho on maailmankaikkeus.

Herralla ei ole hahmoa, mutta Hän ottaa Ishvarana jokaisen hahmon. Ylivertaisen joogavoimansa avulla Ilmentymättömästä tulee maailmankaikkeuden näkyvä ihme.

Oi Mestari, oi Joogien Herra! Jos arvioit minun pystyvän näkemään
Sen, näytä minulle Ääretön Itsesi!   4

Siunattu Herra sanoi:

Katso, oi Prithan poika (Arjuna)! Minun jumalallisia hahmojani on
satoja ja tuhansia – monivärisiä ja monimuotoisia!   5

Katso Adityoja, Vasuja, Rudria, Ashvin-kaksosia ja Maruteja ja mo-
nia tähän asti tuntemattomia ihmeitä!   6

Tässä ja nyt, oi Unen Valloittaja (Arjuna)! katso kaikkia maailmoja
yhdistyneenä Kosmiseksi Kehokseni, kaikkea liikkuvaa ja liikkumatonta
ja mitä tahansa muuta, mitä haluat nähdä.   7

Mutta et voi nähdä Minua kuolevaisen silmin. Siksi annan sinulle ju-
malallisen näkökyvyn. Katso Minun ylivertaista joogavoimaani!   8

Sanjaya sanoi (kuningas Dhritarashtralle):

Näin sanoen Hari (Krishna), Joogan ylhäinen Herra, paljasti Arjunalle
Täydellisen Ruumiillistuman, Kosmiskehoisen Ishvara-Hahmon.   9

Arjuna näki Jumalolennon monimuotoisen ihmeellisen Läsnäolon –
ääretön hahmoissaan, loistaen avaruuden joka suunnassa, kaikkialla ja
kaikessa oleva kaikkivoipaisuus, koristeltu lukemattomin taivaallisin kaa-
vuin ja seppelein ja koristein, aseistettu taivaallisin asein, tuoksuen jokaista
ihastuttavaa tuoksua, Hänen suunsa ja silmänsä kaikkialla!   10–11

Jos taivaalle ilmestyisi yhtä aikaa tuhat aurinkoa, niiden valo saattaisi
himmeästi muistuttaa tuon Kaiken-Luovan Olennon loistoa!   12

Siellä, jumalten Jumalan äärettömässä Hahmossa ollen, Arjuna näki
koko maailmankaikkeuden moninaisine ilmentymineen.   13

Sitten Vaurauksien Voittaja (Arjuna), ihmeiden hämmentämänä,
hiukset pystyssä, kämmenet yhteen liittyneinä rukouksen merkkinä, ku-
martaen päänsä kunnioituksesta Herran edessä, lausui Hänelle: 14

Arjuna sanoi: 15–34

Rakastettu Herra,
jumalten palvoma!

Katso,
Sinun kehosi käsittää

Kaikki ruumiilliset asukit, tarkat näkijät,
Ja erilaiset jumalalliset enkelijumalat.
Syvällä mysteerien luolassa oleillen,
Käärmeen Luonnon halu voimakas,[27]
Vaikka väkevä ja hienovarainen, nyt kesytetty on,
Unhoittanut kuolonleikkinsä;
Ja Sovran Brahma, jumalten Jumala,
on lootustuolilla jälleen istuva.

Mahtavan Kosmiskehoisen maailmojen Herran,
Oi, minä näen, uudelleen näen
Sinä kaikki ja kaikkialla
Loputtomat kädet, torsot, suut ja silmät!
Silti painuksissa, pimeydessä, tietoni makaa
Syntymästäsi, valtiudestasi ja lopustasi täällä.

Tänä päivänä,
Oi Hehkuva, Raivoisa Liekki,
Oi Sokaiseva Säde,
Sinun keskittynyt voimasi loistaa: Sinun Nimeäsi[28]
Se leviää kaikkialle
Jopa synkimmän luolan pohjalle.
Päässä tähtien kruunu kultainen
Valtiuden sotanuija heiluen
Pyyhällät eteenpäin, oi Palava Phoebus,
Sinun evoluutiosi pyörän pyöriessä.

Kuolematon Brahma Ylivertainen
Sinä Kosminen Turvapaikka, Viisauden Aihe,
Ikuisen Dharman oikea Vartija
Sinä kuole et tiesin aina!

Oi Syntymätön, Ruumiiton, Kuolematon,

27 *Uragan divyan*: "taivaalliset käärmeet": viittaus luoviin voimiin, jotka ovat peräisin *kundalinista*, selkärangan pohjakeskukseen tiivistyneestä elämänenergiasta, joka elävöittää aistit virratessaan alas ja ulospäin kehoon, mutta joka suo valaistumisen, kun se "kesytetään" ja nostetaan hengellisen havaintokyvyn ylempiin keskuksiin.
28 *Aumin* kosminen värähtelevä valo, Jumalan pyhä "Nimi".

Näen loppumattomat kätesi työskentelevät,
Sinun alati valppaat silmäsi
Aurinkojen, kuiden ja tähtitaivaidesi;
Ja Sinun suustasi sinkoaa liekki sykkien,[29]
Kun lausut *Aumin*, Nimesi Kosmisen.
Itsestäsi syntyvä loiste harmeilta suojaa,
Ja koko kosmoksen etäisyyksiin lämpöä hohkaa.

Oi Valtiassielu! Maan ja jumalten kodin välissä,
Kaikissa suunnissa ja maan kerroksissa,
Kaikissa korkeissa olinpaikoissa ja kaikilla ympäröivillä alueilla,
Sinä olet niissä, kaikkialla, lähellä ja kaukana.
Maailmat kolminaiset pelosta ällistyneet,
Sinun hirmuista vaikuttavaa hahmoasi ihailevat.

Sinuun jumalat tulevat;
Kädet yhdessä, pelokkaina, jotkut turvaa rukoilevat
Sinussa. Mahtavat näkijät ja taivaan poluilla menestyvät
Ylivertaista "Rauhan" laulua laulaen Sinua yksin palvovat.

Yksitoista lamppua taivaan;
Kaksitoista kirkasta aurinkoa;
Sädehtivä kahdeksikko;
Tähtien loimua hohtava;
Hengellisyyttä tavoittelevat erakot; suosijajumalat;
Kosmisten valtiaiden toimijat;
Prinssikaksoset väkevät,
Heidän urheutensa kaikki ikuisesti näkevät;
Kaksi tiuta ja yhdeksän langanohutta tuulenvireen voimaa,
Jotka atomin sitovat tiukasti vasta;
Kauan sitten menneet suojelijahenget;
Puolihaltiat, puolijumalat ja demonit kauhistavat;
Ja nuo mahtavat polulla Hengen,[30]

29 *Hutasha*, "tuli", ja, *vaktra*, "suu tai puhe-elimet" kantasanasta *vach*, "ääni, lausuminen".
30 "*Yksitoista lamppua*": Rudrat. "*Kaksitoista aurinkoa*": Adityat. "*Sädehtivä kahdeksikko*": Vasut. "*Hengellisyyttä tavoittelevat erakot*": Vishvedevat (jumalankaltaiset olennot, joita kunnioitetaan askeettisuudestaan Himalajalla). "*Suosijajumalat*": Sadhyat (vähäisempien jumalolentojen luokka).

Ihmeissään Sinun julistettua arvokkuuttasi katsovat.

Katson Sinua, Mahtavahaarainen!
Sinun tähtisilmiäsi ja poskiasi lukemattomia,
Loputtomia käsiäsi ja jalkojasi lootusjalkaterillä koristeltuja.
Sinun suusi kuilua ja tuomiopäivän hammasriviä,
Suu auki nielaiset maailmoja yllä ja alla,
Ja se jättää minuun riemukkaan ihmetyksen puhdistetun:
Sinun mahtisi edessä jokainen hämmentyy!

Huikeat syvyydet ovat täynnä Sinua –
Ammottava suusi ja kehosi moninaisissa väreissä niin hehkuva ihmetyt-
tää minua – Oi Vishnu palavakatseinen,
Kukistun edessäsi rauhani kadottaen.

Raivoisat hampaat ja tappavat tulet ulvovat
Sinun suissasi, jotka minuun julmasti osoittavat.
Ilmansuunnat kadotan;
Myötätuntoasi anelen! Ilman Sinua löydä rauhaa en;
Oi Kosminen Suojelija, Herra jumalten,
Ota nöyrät anovat sanani vastaan hyväksyen.

Kuninkaiden ylpeys täyttää aistien pojat,
Egossa, karmiset tavat ja maailman houkutukset, oleilevat
Ja odottavat hyökätäkseen kohti viisautemme päälliköitä;[31]
Ja kuitenkin he kaikki ratsastavat
Kilpaa kuolon kanssa, pudotakseen unholaan
Ikuisesti Sinun suussasi ahnaassa
Julmin torahampain koristautuneessa.
Niin voittajan kuin kukistetun täytyy

"*Prinssikaksoset*": Ashvinit ("taivaan tohtorit", aamuhämärän jumalat, jotka ilmoittavat aamunkajon – näin he edustavat valon ja pimeyden sekoittumista eli dualismia; uskomusten mukaan panduprinssessojen Sahadevan ja Nakulan isät). "*Kaksi tiuta ja yhdeksän tuulenvirettä*": Marutit. "*Kauan sitten menneet suojelijahenget*": Manet (Ushmapat). "*Puolihaltiat, puolijumalat ja demonit kauhistavat*": Yakshat, Gandharvat, Asurat tässä järjestyksessä. "*Hengen polun mahtavat*": Siddhat ("täydellistetyt").

31 "*Aistien pojat*": kurukuningas Dhritarashtran jälkeläiset (symbolisesti sokea aistimieli, jonka sataa aistitaipumusta johtaa aineellinen mielihalu); "*Ego*": Bhishma; "*Karminen tapa*": Drona, "*Maailman houkutukset*": Karna (aineellinen viehätysvoima ja kiintyminen). "*Viisautemme päälliköt*": pandavat (symbolisesti jumalalliset arvostelukyvyn voimat).

(Sinun jälkeläisiäsi molemmat, niin oikeamielinen kuin jumalaton)
Sinun rakkautesi vielä lunastaa; siihen asti kaikki eräänä päivänä me-
nehdymme,
Ja yhteinen on maallinen hautamme.
Näkyy kallot joidenkin murtuneet,
Kun ahnaat hampaasi ovat niihin pureutuneet.

Kuin vetiset aallot rauhattomat
Joen haarojen, kaikki himoiten halajavat
Päästä halki aallokkojen täpötäysien
Luokse Neptunuksen kodin etäisen,
Mutta silti elämän sankarivirrat
Syöksyvät kohtaamaan kamppailut hulluimmat
Sinun liekkimeresi vaahtoavassa suussa
Missä kipinät elämien tanssivat kaikki Sinussa.

Kuin hyönteiset kauneuden kilpaan upoten
Vailla ajatusta kaikki syöksyvät keskelle liekkimerien
Niin sumun sytyttämät intohimon tulet
Pyrkivät hehkumaan kuin Sinun taivaidesi valot
Ja kutsuvat kuolevat jonoon
Kun kuoleman trumpetti puhkeaa soittoon.

Suusi hehkuva
Katseeni eteen tuo
Sen hyppivät kielet nuolevat
Verta vihaista, niin vahvojen kuin heikkojen;
Sinä Ahnas Jumala ahmit vaan
Ei nälkäsi lopu milloinkaan.
Oi Vishnu, sytytät Sinä
Maailmat soihdulla loimuavalla kaiken läpäisevällä.

Pyydän, oi jumalten Ensimmäinen;
Haluan tietää, Ikiaikainen Herra,
Totuuden Sinusta – oi Tuliluontoinen,
Joka kuitenkin olet niin hyvä ja armollinen.
Oi kerro Tahtosi Kuninkaallinen

Sillä sitä vielä tiedä en.

Siunattu Herra sanoi näin:
Loputtoman Tuhon valepuvussa tulen
Ahneena Aikana kaappaamaan ja säilömään
Kidassani liekehtivässä
Heikkojen ihmetykset pelokkaat,
Ja kaiken lihan kuolevaisten
Väsyneiden, kuolettavan muutoksen maailmojen
Ja hoidan heitä Elämäni nektarilla
Jotta nuorina ja pelottomina käyvät taistoon aseilla paremmilla.
Vaikka epäröit tappamasta
Sinun hirveät vihollisesi – ja soturit kaikki urheasti järjestäytyneet –
Heidänkin aikansa kuitenkin varmasti koittaa,
Kun oikeamieliset lain hampaani heidät tavoittaa.

Nouse, herää! Nouse, herää!
Hyökkää kimppuun ja lihasta vankisi tee;[32]
Nouse voittajan maineeseen
Pelissä taistelua vaatineessa;
Rauhan Kuninkaan rikkaudet
Ja taivaan valtakunnan se tuo mukanaan!
Tiedän nyt kaiken tapahtuvan
Mitä mystinen tuleva sisällään pitää;
Ja siis vihollisesi ja sotilaasi todet
Kauan, kauan sitten löin,
Ennen kuin käytit kättäsi toimijan
(Että lähettäisin vihollisesi laskeutumaan
Rannoille hämärille Kuoleman). Nyt se ymmärrä!

Toimijani;
Oi näin Minä
Toteutan suunnitelmani – maailmankaikkeuden –
Avulla instrumenttien moninaisten;

32 Viittaus Kurukshetran taisteluun allegoriana hyvän ja pahan voimien välisestä taistelusta, jota ei
käydä vain makrokosmoksessa vaan myös ihmisen kehossa ja tietoisuudessa.

Minä olen surmaaja ja suistan polulta vaunut aistien [33]
Avulla sinun sekä menneiden ja tulevien,
Sotilaideni täysijärkisten! 15–34

Sanjaya sanoi (kuningas Dhritarashtralle):

Kuultuaan Keshavan (*maya*-transsendentti Krishna) sanat kruunu-
päinen (kosmisen ilmestyksen valaisema Arjuna) vapisi kunnioituksen
vallassa ja liitti kätensä palvoen yhteen rukoukseen, kumarsi uudelleen
nöyrästi ja lausui Krishnalle ääni väristen.   35

Arjuna sanoi:

Oi Hrishikesha (Krishna)! Syystä ovat maailmat ylpeitä ja iloisia saa-
dessaan ylistää Sinun kunniaasi! Kauhistuneet demonit pakenevat kauas
pois, kun taas *siddhat* (täydellistetyt olennot) kumartuvat suurin joukoin
palvomaan Sinua.   36

Ja miksipä he eivät osoittaisi Sinulle kunnioitusta, oi Valtaisa Henki?
Sillä Sinä olet mahtavampi kuin Luoja Brahma, joka on peräisin Sinusta.
Oi Ääretön, oi jumalten Jumala, oi Maailmankaikkeuden Turvasatama,
olet Tuhoutumaton – Ilmenevä, Ilmenemätön ja Se, joka on kaiken tuolla
puolen (Lopullinen Mysteeri).   37

Olet Alkuperäinen Jumala! Tahraton Henki, Maailmojen Viimei-
nen Turvapaikka, Tietäjä ja Tiedetty, Äärimmäinen Täyttymys! Sinun

---

33 "Aistien vaunut": Viittaus "Dronaan, Bhishmaan, Jayadrathaan (kiintymys kuolevaiseen olemassa-
oloon), Karnaan ja muihin." Ks. allegorian selitys, s. 29–32.

Ilmestysten Ilmestys – Runokäännös

Tämän ylistyslaulun porteista olen usein kulkenut Kosmiseen Temppeliin
palvomaan Ilmenevän Herran alttarille. Monta vuotta sitten, yhden tuollaisen,
kokemuksen kosmisessa tietoisuudessa, jälkeen, kirjoitin "Ilmestysten Ilmes-
tyksen", runollisen mukaelman näistä säkeistä [15–34], jonka sisään on punottu
tulkinta niiden merkityksestä. Olen liittänyt tähän tiukan kirjaimellisen säe sä-
keeltä etenevän käännöksen sijasta oman mukaelmani, sillä uskon, että runo-
udelle ominainen tunteiden ainutlaatuinen kuvailu on tässä kohtaa oikea tapa
kertoa tämän sanskritinkielisen pyhän laulun kaunopuheisuudesta.

Kaikkiallinen Läsnäolosi hohtaa maailmankaikkeudessa, oi Sinä Ehty-
mätön Hahmo!   38

Oi Kosmisten Virtausten Virtaava Elämä (Vayu), oi Kuoleman Kunin-
gas (Yama), oi Liekkien Jumala (Agni), oi Meren ja Taivaan Yksinvaltias
(Varuna), oi Yön Herra (Kuu), oi Lukemattomien Jälkeläisten Jumalallinen
Isä (Prajapati), oi Kaikkien Esi-isä! Sinulle ylistystä, ylistystä loppumatto-
miin! Sinulle kunnianosoitukseni tuhatkertaisesti!   39

Oi Loputon Mahti, oi Voittamaton Kaikkitietävä Kaikkialla Läsnä
Oleva, oi Kaikki Kaikessa! Kumarran Sinulle edessä ja takana, kumarran
Sinulle vasemmalla ja oikealla, kumarran Sinulle ylhäällä ja alhaalla, ku-
marran Sinulle, joka ympäröit minua kaikkialla!   40

Tietämättömänä Kosmisesta Loistostasi olen ajatellut Sinua tuttuna
kumppaninani ja röyhkeästi usein kutsunut Sinua "Ystäväkseni" ja "Kri-
shnaksi" ja "Yadavaksi". Kaikista sellaisista joko huolimattomasti tai kiin-
tymyksellä lausutuista sanoista;   41

Kaikesta Sinua kohtaan osoittamastani kunnioituksen puutteesta, oi
Horjumaton Herra! kevytmielisyydellä ruoka-aikoina tai kävellessäni tai
istuessani tai levätessäni, joko Sinun kanssasi kahden tai muiden seurassa
– kaikista sellaisista tahattomista lipsahduksista, oi Rajoittamaton! ane-
len anteeksiantoa.   42

Olet Kaiken, niin liikkuvan kuin liikkumattomankin, Isä! Kukaan
muu kuin Sinä ei ole palvomisen arvoinen, oi Ylevä Guru! Kolmessa maa-
ilmassa ei ole ketään veroistasi, sillä kuka, oi Verrattoman Voiman Herra,
voisi Sinut ylittää?   43

Siksi, oi Ihailtavin, heittäydyn nöyrästi jalkoihisi ja anelen anteeksi-
antoasi. Anna minulle anteeksi, oi Herra, niin kuin isä antaa pojalleen,
ystävä ystävälleen ja rakastaja rakastetulleen!   44

Olen ikionnellinen ilmestyksestä, jollaista en ole ennen nähnyt,
mutta pelko kalvaa yhä mieltäni. Ole minulle armollinen, oi jumalten
Herra, oi Maailmojen Suoja! Näyttäydy minulle ainoastaan Deva-hah-
mossasi (hyväntahtoisena Vishnuna).   45

Janoan nähdä Sinut kuten ennenkin, Nelikätisenä Vishnuna kruunui-
nesi, sotanuijinesi ja kiekkoinesi. Ilmesty uudelleen samassa hahmossa,

oi Sinä, joka olet Tuhatkätinen ja Kosmoskehoinen! 46

Siunattu Herra sanoi:

Olen jalomielisesti käyttänyt Joogavoimaani paljastaakseni sinulle, oi Arjuna, enkä kenellekään muulle! tämän Ylimmäisen Alkuperäisen Hahmoni, Säteilevän ja Äärettömän Kosmoksen! 47

Sinua lukuun ottamatta, oi Kurujen Suuri Sankari! yksikään kuolevainen ei pysty katsomaan Universaalia Hahmoani – sitä ilmestystä ei voi kokea uhrien tai hyväntekeväisyyden tai työskentelyn tai ankaran itsekurin eikä Veda-kirjoitusten opiskelun avulla. 48

Älä ole pelästynyt tai tyrmistynyt nähtyäsi Minun Kauhistavan Muotoni. Pelot karkotettuina ja sydän iloiten, katso taas kerran tuttua Hahmoani! 49

Sanjaya sanoi (kuningas Dhritarashtralle):

Kun Vasudeva, "Maailman Herra", oli lausunut näin, hän otti taas oman muotonsa Krishnana. Hän, Suurisieluinen, ilmestyi Arjunalle armollisessa hahmossaan ja lohdutti pelästynyttä oppilastaan. 50

Arjuna sanoi:

Oi Kaikkien Toiveiden Toteuttaja (Krishna)! Kun katson Sinua jälleen lempeässä ihmishahmossa, mieleni tyyntyy ja olen taas oma itseni. 51

Siunattu Herra sanoi:

On kovin vaikeaa katsoa Universaalia Ilmestystä sillä tavoin kuin sinä olet katsonut! Jopa jumalat haikailevat alituisesti nähdäkseen sen. 52

Sitä ei kuitenkaan paljasteta katumusharjoitusten tai pyhien kirjoitusten lukemisen tai lahjoittamisen tai muodollisen palvonnan ansiosta. Oi Aistivihollisten Polttaja (Arjuna)! Vain jakamattoman omistautumisen (ajatusten keskittäminen joogan avulla Yhteen Jumalalliseen Havaintoon) avulla Minut voi nähdä niin kuin sinä katsoit Minua Kosmisessa Hahmossani ja tunnistaa totuudenmukaisesti ja lopulta syleillä Ykseydessä! 53–54

Hän, joka työskentelee vain Minun hyväkseni, joka asettaa Minut päämääräksi, joka rakastaen antautuu Minulle, joka ei kiinny (petollisiin kosmisiin unimaailmoihini) ja joka ei haudo pahaa tahtoa ketään kohtaan (nähden Minut kaikissa) – hän tulee Olemukseeni, oi Arjuna!   55

Aum, Tat, Sat.

Pyhän Bhagavad Gitan upanishadissa – Herra Krishnan keskustelussa Arjunan kanssa, joka on joogan pyhä kirjoitus ja Jumal-oivalluksen tiede – tämä on yhdestoista luku, jonka nimi on "Ilmestys Kosmisesta Hahmosta".

XII: Bhakti-jooga: Yhteys antaumuksen kautta

Pitääkö joogin palvoa Ilmentymätöntä vai henkilökohtaista Jumalaa?

Arjuna sanoi:

Ne hengellisen tien kulkijat, jotka päättäväisesti näin palvovat Sinua, ja ne, jotka palvovat Tuhoutumatonta, Ilmentymätöntä – kummat heistä taitavat joogan paremmin?[34] 1

Siunattu Herra sanoi:

Ne, jotka keskittäen mielensä Minuun, palvovat Minua, ja ovat aina yhteydessä Minuun ylittämättömällä omistautumisella, ovat silmissäni joogan täydellisesti ymmärtäviä. 2

Mutta Tuhoutumatonta, Kuvaamatonta, Ilmentymätöntä, Kaikkialla ja Kaikessa Olevaa, Käsittämätöntä, Muuttumatonta, Liikkumatonta, Ikuisesti Pysyvää palvovat, jotka ovat alistaneet kaikki aistinsa ja säilyttävät tyyneytensä kaikissa olosuhteissa ja omistautuvat kaikkien olentojen hyvälle – totisesti, hekin saavuttavat Minut. 3–4

Ilmentymätöntä tavoittelevat kasvattavat vaikeuksia; kivikkoinen on ruumiillisten olentojen polku Absoluutin luo. 5

Mutta Minua kunnioittavat, jotka luovuttavat kaikki tekonsa Minulle

---

34 Arjuna viittaa tässä hengellisen tien kulkijaan, jota kuvaillaan yhdennentoista luvun viimeisessä säkeessä (hän, joka pitää Jumalaa Kosmiskehoisena Herrana, kaikissa ilmentymissä immanenttina; ja, joka sen vuoksi työskentelee Hänen vuokseen kiintymättä henkilökohtaisesti mihinkään, tuntematta vihamielisyyttä ketään kohtaan ja pyhittämällä Jumalan äärimmäiseksi Tavoitteekseen); ja hengellisen tien kulkijaan, joka palvoo Jumalaa hahmottomana ja ilmentymättömänä Henkenä (pitäen Jumalaa ja Luontoa kahtena erillisenä entiteettinä). Kumpi hengellisen tien kulkija hallitsee paremmin sielun Henkeen yhdistävän tekniikan?

(pitäen Minua Ainoana Tekijänä) ja mietiskelevät Minua mielen yhteen keskittävän joogan avulla – ja pysyvät näin uppoutuneina Minuun – totisesti, oi Prithan jälkeläinen (Arjuna), näille, joiden tietoisuus on keskittynyt Minuun, tulen ennen pitkää heidän Vapahtajakseen ja pelastan heidät kuolevaisten syntymien merestä.   6–7

Hengellisten harjoitteiden tasot ja oivaltamisen vaiheet

Sulauta mielesi yksinomaan Minuun, keskitä arvostelukykyinen havaintokykysi Minuun, niin epäilyksettä tulet oleilemaan kuolemattomana Minussa.   8

Oi Dhananjaya (Arjuna), ellet pysty pitämään mieltäsi täysin Minussa, pyri saavuttamaan Minut harjoittamalla toistuvasti joogaa.   9

Ellet pysty harjoittamaan jatkuvasti joogaa, suorita tunnollisesti tekosi Minua ajatellen. Jopa toimimalla Minun nimissäni tulet saavuttamaan ylivertaisen jumalallisen menestyksen.   10

Ellet pysty edes siihen, pysyttele kiintyneenä Minuun Suojapaikkanasi ja luovu kaikista tekojesi tuloksista samalla jatkaen ponnisteluja hallitaksesi Itsesi.[35]   11

Sillä totisesti, (joogan harjoittamisesta syntynyt) viisaus on ylevämpää kuin (mekaaninen) joogan harjoittaminen, meditaatio toivotumpaa kuin (teoreettinen) viisaus, tekojen tuloksista luopuminen parempaa kuin meditaation (alkuvaiheet). Tekojen tuloksista luopumisesta seuraa välittömästi rauha.   12

Oppilaan ominaisuudet, jotka ovat Jumalan hellyyden herättäviä

Hän, joka on vapaa vihasta kaikkia olentoja kohtaan ja joka on ystävällinen ja lempeä kaikille, joka ei tiedosta "minäkeskeisyyttä" eikä suhtaudu omistavasti, joka on tyyni niin kärsiessään kuin iloitessaankin ja anteeksiantavainen ja aina tyytyväinen, joka harjoittaa säännöllisesti joogaa ja yrittää koko ajan sen avulla tuntea Itsensä ja yhdistyä Henkeen ja

---

35 *Yata-ātma-vān*: kirjaimellisesti: "niin kuin hallittu itse"; so. ota oppia niiltä, jotka ovat saavuttaneet Itsensä hallinnan; jatka ponnistelua tavoittaaksesi tuon päämäärän.

joka on sitkeän päättäväinen ja joka on luovuttanut mielensä ja arvoste-
lukykynsä Minulle – hän on Minun seuraajani ja Minulle arvokas. 13-14

Ihminen, joka ei häiritse maailmaa ja jota maailma ei voi häiritä
ja joka ei riemuitse ylenpalttisesti, ei koe mustasukkaisuutta, on vapaa
asioiden ennakoinnista ja murheista – hänkin on Minulle arvokas. 15

Joka on vapaa maallisista odotuksista, on keholtaan ja mieleltään
puhdas, aina valmiina töihin, jota olosuhteet eivät huoleta eivätkä häi-
ritse, ja joka on hylännyt kaikki egosta kumpuavat mielihalut ja niistä ai-
heutuvat hankkeet – hän on seuraajani ja Minulle arvokas. 16

Sellainen, joka ei tunne riemua eikä vastenmielisyyttä iloista eikä
ikävää (ilmiömaailman aspekteja) kohtaan, joka on vapaa suruista ja ha-
luista, joka on karkottanut suhteellisen tietoisuuden hyvästä ja pahasta
ja joka on horjumattoman harras – hän on Minulle arvokas. 17

Hän, joka on tyyni yhtä lailla ystävien ja vihollisten ja palvonnan ja
loukkausten edessä sekä kokiessaan lämpöä ja kylmyyttä ja nautintoa ja
kärsimystä, joka on luopunut kaikesta kiintymyksestä ja joka suhtautuu
moitteeseen ja ylistykseen samoin, joka on hiljainen ja vähään tyytyväinen,
joka ei ole kiintynyt perhe-elämään ja joka käyttäytyy hillitysti ja hartaasti
– sellainen henkilö on Minulle arvokas. 18-19

Mutta ne, jotka palvoen harjoittavat tätä kuolematonta uskontoa
(dharmaa), josta olen tähän asti kertonut, ja jotka ovat antaumuksen kyl-
lästäminä äärimmäisen uppoutuneita Minuun – sellaiset seuraajat ovat
Minulle äärimmäisen arvokkaita. 20

Aum, Tat, Sat.

Pyhän Bhagavad Gitan upanishadissa – Herra Krishnan keskustelussa
Arjunan kanssa, joka on joogan pyhä kirjoitus ja Jumal-oivalluksen tiede –
tämä on kahdestoista luku, jonka nimi on "Bhakti-jooga (Yhteys antaumuk-
sen kautta)".

XIII: Kenttä ja kentän tuntija

**Jumalalliset voimat, jotka luovat kehon,
kentän, johon hyvä ja paha kylvetään ja josta ne korjataan**

Arjuna sanoi:

Oi Keshava (Krishna), Prakritista (älykkäästä Luontoäidistä) ja Purushasta (transsendentaalista Isä Jumalasta), *kshetrasta* (kehon "kentästä") ja *kshetrajnasta* (sielusta eli kehollisen kentän kehittäjä-tuntijasta), tiedosta ja Siitä, jota tieto koskee – näistä janoan tietoa. Alkusanat[36]

Siunattu Herra vastasi:

Oi Kuntin Jälkeläinen (Arjuna), totuuden tuntijat kutsuvat tätä

---

36 Tämä alustava säe ei ole mukana joissakin Gitan versioissa. Joihinkin se sisältyy ja se on numeroitu ensimmäiseksi. Yleisemmin sitä kuitenkaan ei ole numeroitu, jotta tradition mukainen säkeiden määrä säilyy 700:ssa eikä kasva 701:een.

"Näistä janoan tietoa..."

Kuultuaan Krishnan sanat sielun ja Hengen yhteydestä antaumuksen kautta Arjunaa askarruttaa, miten erilaiset mielen (*manas* eli aistitietoisuus) ja arvostelukyvyn (*buddhi* eli puhdas jumalallinen äly) taistelevat elementit ovat olemassa hänen sisällään ja miten niiden törmäys estää jumalallisen liiton. Jumalaa etsivä hengellisen tien kulkija haluaa ymmärtää mysteerin ulospäin suuntautuneesta, materialismia kohti taipuvasta Kosmisesta Luonnosta ja sisäänpäin vetävästä transsendentaalisesta Hengestä. Lisäksi hän haluaa tietää aisteihin ja Luontoon samastuvasta kehon kentästä (*kshetra*) ja Henkeen samastuvasta sielusta (*kshetrajna*). Hän haluaa kaiken tiedon niistä ja Hengestä Sen ilmenemättömässä tilassa – tiedon ylimmäisestä kohteesta.

kehoa *kshetraksi* ("kentäksi", johon hyvä ja paha karma kylvetään ja josta ne korjataan); samoin sitä, joka tuntee kentän, he kutsuvat *kshetrajnaksi* (sieluksi). 1

Oi Bharatan Jälkeläinen (Arjuna), tiedä myös, että Minä olen *Kshetrajna* (Havaitsija) kaikissa *kshetroissa* (kosmisesta luovasta periaatteesta ja Luonnosta kehittyneet kehot). *Kshetran* ja *kshetrajnan* ymmärtäminen – Minä sanon, muodostaa todellisen viisauden. 2

Aineen ja Hengen, kehon ja sielun todellinen luonto

Kuuntele, kun puhun lyhyesti *kshetrasta*, sen ominaisuuksista, sen syy ja seuraus -periaatteesta ja sen vääristävistä vaikutuksista. Kerron myös siitä, kuka on Hän (*Kshetrajna*), ja Hänen voimiensa luonteesta – totuuksista, joita *rishit* ovat monin eri tavoin selkeästi ylistäneet: erilaisissa Veda-kirjoitusten lauluissa ja Brahmania kuvaavien aforismien järkiperäisissä analyyseissä. 3–4

Lyhyesti sanottuna *kshetra* ja sen muunnelmat koostuvat Ilmentymättömästä (Mula-Prakriti, eriytymätön Luonto), viidestä kosmisesta elementistä, kymmenestä aistista ja yhdestä aistimielestä, älystä (arvostelukyvystä), egoismista, viidestä aistien objektista; mielihalusta, vihasta, nautinnosta, tuskasta, yhdistelmästä (keho, erilaisten voimien yhdistelmä), tietoisuudesta ja sinnikkyydestä. 5–6

Viisauden piirteet

(Viisaan piirteitä ovat) nöyryys, tekopyhyyden puuttuminen, harmittomuus, anteeksiantavaisuus, suoraselkäisyys, gurun palveleminen, puhdas mieli ja keho, päättäväisyys, itsehillintä; 7

Piittaamattomuus aistiobjekteista, egoismin puuttuminen, tuskan ja pahuuksien ymmärtäminen (kuolevaisen elämälle sisäsyntyisiä): syntymä, sairaudet, vanhuus ja kuolema; 8

Kiintymättömyys, Itsen samastumattomuus sellaisiin asioihin kuten hänen lapsiinsa, vaimoonsa ja kotiinsa; jatkuva tyyneys suotuisissa ja ikävissä olosuhteissa; 9

Järkkymätön omistautuminen Minulle erottelemattomuuden

joogalla, vetäytyminen eristyksiin, maailmallisten ihmisten seuran vält-
täminen;   10

Sinnikkyys Itsen tuntemisessa; ja kaikkien oppimisen kohteiden me-
ditatiivinen havaitseminen – opitun todellinen olemus ja sisäinen merki-
tys. Viisaus koostuu kaikista näistä tekijöistä; niiden vastakohdista koos-
tuu tietämättömyys.   11

Henki viisaiden tuntemana

Kerron sinulle Siitä, jota tieto koskee, sillä sellainen tieto antaa
kuolemattomuuden. Kuule siis aluttomasta Ylimmäisestä Hengestä –
Hänestä, josta ei puhuta olevana (*sat*) eikä olemattomana (*asat*).   12

Hän oleilee maailmassa ja käsittää kaiken – kaikkialla, Hänen kä-
tensä ja jalkansa, läsnä joka suunnalla, Hänen silmänsä ja korvansa, Hä-
nen suunsa ja päänsä;   13

Loistaen kaikissa aistiominaisuuksissa, mutta silti ylittäen kaikki ais-
tit; kiintymätön luomakuntaan, mutta silti kaiken Perusta; vapaa *gunista*
(Luonnon olemassaolon muodoista), mutta silti niiden Nauttija.   14

Hän on kaiken olevan sisä- ja ulkopuolella, liikkuva ja liikkumaton;
Hän on lähellä ja kaukana; näkymätön hienojakoisuutensa vuoksi.   15

Hän, Jakamaton, ilmenee lukemattomina olentoina; Hän ylläpitää ja
tuhoaa nuo hahmot ja luo ne sitten uudelleen.   16

Kaikkien Valojen Valo pimeyden tuolla puolen; Tieto itsessään,
Se, jota tieto koskee, kaiken oppimisen Tavoite, Hän on kaikkien sydä-
missä.   17

Olen kuvaillut lyhyesti Kenttää, viisauden luonnetta ja viisauden
Kohdetta. Nämä käsittämällä seuraajani tulee Minun Olemukseeni.   18

Purusha ja Prakriti (Henki ja Luonto)

Tiedä, että sekä Purusha että Prakriti ovat aluttomia, ja tiedä myös,
että kaikki muodot ja ominaisuudet (*gunat*) syntyvät Prakritista.   19

Seurauksen (keho) ja instrumentin (aistit) luomisessa Prakritista pu-
hutaan syynä; ilon ja surun kokemisessa syy on Purusha.   20

Purusha, joka kietoutuu Prakritiin, kokee Luonnosta syntyvät *gunat*. Kiintymys Prakritin kolmeen ominaisuuteen aiheuttaa sielun ruumiillistumisen hyviin ja pahoihin kohtuihin. 21

Ylimmäinen Henki, transsendentti ja kehossa oleva, on kiintymätön Katsoja, Hyväksyjä, Ylläpitäjä, Kokija ja Suuri Herra ja myös Korkein Itse. 22

Mikä ihmisen olemassaolon muoto sitten onkaan, Purushan, ja Prakritin kolmiosaisen luonnon näin oivaltanut ei kärsi enää jälleensyntymää. 23

Nähdäkseen Itsen itsessä (puhdistuneessa egossa) itsen (valaistuneen mielensä) avulla, jotkut seuraavat meditoinnin polkua, eräät seuraavat tiedon polkua ja toiset epäitsekkäiden tekojen polkua. 24

Kolmesta pääasiallisesta polusta tietämättömät kuuntelevat gurun ohjeita. Seuraamalla palvonnan polkua ja suhtautumalla muinaisiin

---

Säkeistö 34
Viisauden silmän avaaminen joogan avulla

Kun oikeanlaisella joogan (jumalallinen yhteys) metodilla hengellisen tien kulkijan kaikkinäkevä viisauden hengellinen silmä avautuu *samadhi*-meditaatiossa, kumuloitunut tieto totuudesta muuttuu oivallukseksi – intuitiiviseksi havainnoksi eli ykseydeksi Todellisuuden kanssa.

Kaikkitietävän silmän avulla joogi katsoo olentojen ja universumien tulemisia ja menemisiä Hengen yksittäisen kosmisen tietoisuuden päälle heijastuneen Prakritin *maya*-harhan suhteellisuuksien toimintana. Kun joogi sulattaa vaiheittain Kosmisen Tietoisuuden "Yhden Auringon" valossa Prakritin muutokset aineesta Hengeksi, hän vapautuu kaikista kosmisen harhan rajoitteista ja väärinkäsityksistä.

Puhtaaseen ja muuttumattomaan *Kshetrajnaan* (Luonnon ja sen aineellisen valtakunnan Kehittäjä-Tuntija) samastuneena vapautunut sielu voi tahdonvoimallaan tietoisesti uneksia Prakritin avulla tietoisuuden muodonmuutoksen aineen "kentälle", *kshetralle*, tai hän voi myös päättää pysyä täysin hereillä Hengessä, vapaana kaikista taistelevien vastakohtien *maya*-todellisuuden sisäsyntyisistä painajaisista.

opetuksiin Korkeimpana Turvapaikkana myös he saavuttavat kuolemattomuuden.   25

Vapautuminen: Erottelu kentän
ja sen tuntijan välillä

Oi Bharatojen Paras (Arjuna), mikä sitten onkaan olemassa – jokainen olento, jokainen objekti, liikkuva tai liikkumaton – se on syntynyt *Kshetran* ja *Kshetrajnan* (Luonnon ja Hengen) liitosta.   26

Hän näkee todenmukaisesti, joka havaitsee Ylimmäisen Herran tasapuolisesti kaikissa olennoissa, Tuhoutumattoman tuhoutuvissa.   27

Jumalan läsnäolon kaikkialla tiedostava ei anna itsen loukata Itseä. Sellainen ihminen tavoittaa Ylimmäisen Päämäärän.   28

Hän, joka tietää, että kaikki teot suorittaa kokonaisuudessaan Prakriti yksin eikä Itse, on totisesti totuuden näkijä.   29

Kun ihminen näkee kaikkien erillisten olentojen olevan olemassa Yhdessä, joka on laajentanut Itsensä moneksi, silloin hän sulautuu Brahmaniin.   30

Oi Kuntin Poika (Arjuna), kun taas tämä Ylimmäinen Itse, Muuttumaton, on aluton ja ominaisuudeton, Se ei suorita tekoja eikä joudu niiden vaikutusten alaiseksi, vaikka se oleilee kehossa.   31

Aivan kuten kaikkialle leviävä eetteri on hienojakoisuutensa vuoksi tahroille immuuni, samoin on kaikkialla kehossa oleva Itse ikuisesti tahraton.   32

Oi Bharata (Arjuna), niin kuin yksi aurinko valaisee koko maailman, samoin Kentän Herra (Jumala ja Hänen heijastuksensa sieluna) valaisee koko kentän (Luonto ja kehollinen "pikkuluonto").   33

He tulevat Ylimmäiseen, jotka havaitsevat viisauden silmällä *Kshetran* ja *Kshetrajnan* eron ja havaitsevat myös olentojen Prakritista vapautumisen metodin.   34

Aum, Tat, Sat.

Pyhän Bhagavad Gitan upanishadissa – Herra Krishnan keskustelussa Arjunan kanssa, joka on joogan pyhä kirjoitus ja Jumal-oivalluksen tiede – tämä on kolmastoista luku, jonka nimi on "Yhteys erottamalla kenttä ja kentän tuntija".

XIV: Gunien ylittäminen

Kosmisen luonnon kolme sisäsyntyistä ominaisuutta (gunaa)

Siunattu Herra sanoi:

Puhun jälleen siitä korkeimmasta viisaudesta, joka ylittää kaiken tiedon. Tämän viisauden avulla kaikki tietäjät ovat saavuttaneet elämänsä lopussa viimeisen Täydellistymisen. 1

Tämän viisauden omaksuneet ja Olemukseeni asettuneet viisaat eivät synny uudelleen edes luomisen uuden syklin alussa, eikä universaali vetäytymisen hetkikään heitä häiritse. 2

Kohtuni on Suuri Prakriti (Mahat-Brahma), jonne asetan (Älyni) siemenen; tämä on syy kaikkien olentojen syntymälle. 3

Oi Kuntin Poika (Arjuna), kaikkien muotojen – ovatpa ne peräisin mistä tahansa kohdusta – alkuperäinen kohtu (Äiti) on Suuri Prakriti, ja Minä olen siemenen antanut Isä. 4

Oi Mahtavasti Aseistettu (Arjuna)! Prakritin sisäsyntyiset *gunat* – *sattva, rajas* ja *tamas* – vangitsevat kehoon Katoamattoman Oleilijan. 5

Oi Synnitön (Arjuna)! Näistä kolmesta *gunasta* tahraton *sattva* antaa valaistumisen ja terveyden. Siitä huolimatta se sitoo ihmisen kiintymyksellä onnellisuuteen ja tietoon. 6

Oi Kuntin Poika (Arjuna), ymmärrä, että aktivoiva *rajas* on intohimon kyllästämä ja se synnyttää mielihaluja ja kiintymystä; se sitoo ruumiillistuneen sielun tiukasti takertumalla työskentelyyn. 7

Oi Bharata (Arjuna)! Tiedä, että *tamas* syntyy tietämättömyydestä ja harhauttaa kaikki ruumiilliset olennot. Se sitoo heidät väärinkäsityksillä, velttoudella ja uneliaisuudella.   8

Sattva sitoo onnellisuuteen, *rajas* aktiivisuuteen ja *tamas* väärinym-
märrykseen himmentämällä arvostelukyvyn voiman.   9

Hyvän ja pahan yhdistelmä ihmisluonnossa

Toisinaan vallitsevana on *sattva,* joka kukistaa *rajasin* ja *tamasin,* jos-
kus taas *rajas* hallitsee *sattvan* ja *tamasin* sijaan, kun taas toisinaan *tamas*
himmentää *sattvan* ja *rajasin.*   10

Sattvan vallitsevuuden voi huomata siitä, että viisauden valo loistaa
kehon kaikista aistiporteista.   11

Rajasin mahti aiheuttaa ahneutta, aktiivisuutta, hankkeiden aloitta-
mista, levottomuutta ja mielihaluja.   12

Tamas vallitsevana *gunana* aiheuttaa synkkyyttä, laiskuutta,
velvollisuuksien laiminlyömistä ja harhan.   13

Ihminen, joka kuolee *sattvan* hallitessa, kohoaa tahrattomille alueille,
joilla oleilevat Korkeimman tuntijat.   14

Kun *rajas* hallitsee kuoleman hetkellä, ihminen syntyy uudelleen ak-
tiivisuuteen kiintyneiden keskuuteen. Kuollessaan *tamasin* kyllästämät
siirtyvät syvästi harhaisten (ympäristöjen, perheiden, olemassaolon tilo-
jen) kohtuun.   15

(Viisaat) ovat sanoneet, että *sattvisista* teoista seuraa sopusointu ja
puhtaus. *Rajasisten* tekojen palkka on tuska. *Tamasisista* teoista seuraa
tietämättömyys.   16

Viisaus syntyy *sattvasta,* ahneus *rajasista,* piittaamattomuus, harha
ja tietämättömyys *tamasista.*   17

Sattvaan asettuneet kohoavat ylöspäin, *rajasiin* asettuneet jäävät keski-
välille ja he vajoavat alas, jotka ovat alimman *gunan, tamasin,* vallassa. 18

Jivanmuktan luonne – Hän, joka nousee
luonnon ominaisuuksien yläpuolelle

Kun näkijä ei näe (luomakunnassa) muuta toimijaa kuin kolme ole-
misen muotoa ja tunnistaa Sen, mikä on *gunia* korkeampi, hän tulee

Minun Olemukseeni.   19

Luonnon kolme olemisen muotoa – fyysisen ruumiillistuman syyn –
ylitettyään ihminen vapautuu syntymisen, vanhuuden ja kuoleman tus-
kalta ja saavuttaa kuolemattomuuden.   20

Arjuna sanoi:

Oi Herra, mitkä ovat ne merkit, joista näkee ihmisen ylittäneen
kolme olemisen muotoa? Miten hän käyttäytyy? Miten hän nousee kol-
men ominaisuuden yläpuolelle?   21

Siunattu Herra sanoi:

Oi Pandava (Arjuna), hän, joka ei kammoksu *gunien* – valaistumi-
nen, aktiivisuus, tietämättömyys – läsnäoloa eikä sure niiden poissa-
oloa;   22

Joka pysyy välinpitämättömänä ja jota eivät kolme olemisen muotoa häi-
ritse – joka oivaltaa, että ainoastaan ne toimivat kaikkialla luomakunnassa,
ja jonka mieli ei harhaile vaan on aina kiinnittynyt Itseen;   23

Hän, johon ilot ja surut tai ylistys ja moite eivät vaikuta – joka on
turvassa jumalallisessa luonnossaan ja katsoo samalla tavoin savipaak-
kua, kiveä ja kultakimpaletta, joka suhtautuu samalla tavoin miellyttä-
vään ja epämiellyttävään (niin ihmisiin kuin kokemuksiinkin), joka on
vakaamielinen;   24

Sellainen, johon ei kunnioitus eikä loukkaus vaikuta, joka kohtelee
ystäviä ja vihollisia samoin ja hylkää kaikki harhat henkilökohtaisesta te-
kijyydestä – sellainen on ylittänyt kolme ominaisuutta!   25

Hän, joka palvelee Minua järkähtämättömällä antaumuksella, ylittää
gunat ja on kelvollinen tulemaan Brahmaniksi.   26

Sillä Minä olen Äärettömän, Kuolemattoman, Tuhoutumattoman,
sekä ikuisen Dharman ja puhtaan Autuuden perusta.   27

Aum, Tat, Sat.

*Pyhän Bhagavad Gitan upanishadissa – Herra Krishnan keskustelussa Arjunan
kanssa, joka on joogan pyhä kirjoitus ja Jumal-oivalluksen tiede – tämä on nel-
jästoista luku, jonka nimi on "Yhteys ylittämällä Luonnon kolme ominaisuutta".*

XV: Purushottama: Äärimmäinen Olemus

Ikuinen Ashvattha: Elämänpuu

Siunattu Herra sanoi:

He (viisaat) puhuvat ikuisesta *ashvattha*-puusta, jonka juuret ovat ylhäällä ja oksat alhaalla ja jonka lehdet ovat Veda-lauluja. Tätä elämänpuuta ymmärtävä on Veda-tuntija.   1

Sen oksat levittäytyvät ylle ja alle saaden *gunista* voimaa; sen silmut ovat aistiobjekteja; ja alaspäin, ihmisten maailmaan, laajentuvat pienoisjuuret, jotka pakottavat ihmiset tekoihin.   2

Tämän puun todellinen luonne, sen alku, loppu ja jatkuvuuden muodot – niitä eivät tavalliset ihmiset käsitä. Viisaat ovat tuhonneet tiukasti juurtuneen *ashvatthan* kiintymättömyyden väkevällä kirveellä ja ajatelleet: "Turvaudun Alkuperäiseen Purushaan, josta yksin virtasi muinaiset luomisen prosessit." He tavoittelevat näin Ylimmäistä Päämäärää, ja sen tavoitettuaan he eivät enää palaa havaittavan olemassaolon maailmaan.   3–4

Ilmentymättömän Olinpaikka

Sellaiset, jotka eivät halaja kunniaa ja ovat vapaita harhasta ja vahingollisesta kiintymyksestä, ja jotka ovat karkottaneet kaikki kaipuunsa ja jättäneet vastakohtien parit – nautinnon ja tuskan – ja jotka ovat asettuneet aina Itseen – nämä harhaan lankeamattomat saavuttavat muuttumattoman tilan.   5

Minne aurinko, kuu tai tulet eivät loista, se on Ylimmäinen Olinpaikkani. Sinne päästyään ihminen ei enää milloinkaan synny uudelleen.   6

Miten Henki ilmenee sieluna

Ikuinen osa Itseäni, joka ilmenee elävänä sieluna olentojen maail-
massa, vetää puoleensa kuusi aistia, mukaan lukien mielen, jotka lepää-
vät Prakritissa.   7

Kun Herra hankkii kehon *jivana*, Hän tuo mukanaan mielen ja aistit.
Kun Hän jättää tuon kehon, Hän ottaa ne mukaansa ja lähtee, niin kuin
tuuli leyhyttää tuoksuja niiden olinpaikoista (kukissa).   8

Halliten mieltään ja kuulo-, näkö-, kosketus-, maku- ja hajuaistiaan
Hän nauttii aistimaailmasta.   9

Harhaiset eivät näe Hänen oleiluaan *gunien* maailmassa eivätkä Hä-
nen poistumistaan sieltä eivätkä Häntä kokemassa sitä. Ne, joiden viisau-
den silmä on auki, näkevät Hänet.   10

Vapautumista etsivät joogit näkevät Hänen olevan itsessään, mutta puh-
distamattomat ja kurittomat eivät Häntä havaitse, vaikka yrittävät.   11

Koko maailman valaisevan auringon valo, kuunvalo ja tulen valo –
tiedä, että tämä säteily on Minun.   12

Täyttäen maan loistollani ylläpidän kaikkia olentoja; kun muutun ve-
tiseksi kuuksi, luon kaikki kasvien muodot.   13

Kun Minusta on tullut *Vaishvanara* (tulinen voima), olen kaikkien
elävien olentojen kehoissa ja *pranan* ja *apanan* kautta toimien sulatan
ruokaa, jota syödään neljällä tapaa.   14

Olen myös asettunut kaikkien olentojen sydämiin ja Minusta on pe-
räisin muisti ja tieto sekä niiden menettäminen. Minä olen totisesti Se,
joka opitaan tuntemaan Vedojen avulla. Tosiaan minä olen Veda-Tuntija
ja *Vedantan* Kirjoittaja.   15

Ylimmäinen Henki: Katoavan ja
Katoamattoman tuolla puolen

Kosmoksessa on kaksi Olemusta (Purushaa), tuhoutuva ja tuhoutu-
maton. Oliot ovat tuhoutuvia ja *Kutastha* on tuhoutumaton.   16

Mutta on olemassa Toinen, Korkein Olemus, jonka nimi on

"Ylimmäinen Henki" – Ikuinen Herra, joka täyttäen kaikki kolme maailmaa ylläpitää niitä.   17

Minä (Herra) olen katoavan (Prakritin) tuolla puolen, ja olen myös korkeampi kuin katoamaton (*Kutastha*). Siksi maailmoissa ja Vedassa (harhattomien sielujen intuitiivisessa havainnossa) Minut on julistettu Purushottamaksi, Äärimmäiseksi Olemukseksi.   18

Kuka tahansa, harhasta vapauduttuaan, näin tietää Minun olevan Ylimmäinen Henki, tietää kaiken, oi Bharatan Jälkeläinen (Arjuna). Hän palvoo Minua koko olemuksellaan.   19

Täten, oi Synnitön (Arjuna), olen opettanut sinulle tämän syvimmän viisauden. Sen ymmärtämällä ihmisestä tulee viisas, joka on menestyksellä täyttänyt kaikki velvollisuutensa, mutta jatkaa silti niiden suorittamista.   20

Aum, Tat, Sat.

Pyhän Bhagavad Gitan upanishadissa – Herra Krishnan keskustelussa
Arjunan kanssa, joka on joogan pyhä kirjoitus ja Jumal-oivalluksen tiede –
tämä on viidestoista luku, jonka nimi on "Yhteys Ylimmäisen Hengen kanssa".

XVI: Jumalallisen vaaliminen ja paholaismaisen kaihtaminen

Sielun ominaisuudet, jotka tekevät ihmisestä jumalankaltaisen

Siunattu Herra sanoi:

Pelottomuus, sydämen puhtaus, peräänantamattomuus viisautta hankkiessa ja joogaa harjoittaessa, hyväntekeväisyys, aistien alistaminen, pyhien riittien suorittaminen, pyhien kirjoitusten tutkiminen, itsekuri, rehellisyys;　　　　　　　　　　　　　　　　　　　　　　　　　　　　1

Loukkaamattomuus, totuudellisuus, vapaus vihasta, luopuminen, rauhallisuus, panettelemattomuus, myötätunto kaikkia olentoja kohtaan, ahneuden puuttuminen, lempeys, vaatimattomuus, levottomuuden puuttuminen;　　　　　　　　　　　　　　　　　　　　　　　　　　　　　　2

Luonteen säteily, anteeksiantavaisuus, kärsivällisyys, puhtaus, vapaus vihamielisyydestä, pöyhkeyden puuttuminen – nämä ominaisuudet ovat jumalallisesti suuntautuneen ihmisen vaurautta, oi Bharatan Jälkeläinen.　　　　　　　　　　　　　　　　　　　　　　　　　　3

Jumalallisuutta karttavien sielujen luonne ja kohtalo

Turhamainen ylpeys, ylimielisyys, pöyhkeys, viha, töykeys ja tietämättömyys leimaavat ihmistä, jolla on syntyessään paholaismainen luonne, oi Prithan Poika (Arjuna).　　　　　　　　　　　　　　　　　4

Jumalallisista ominaisuuksista seuraa vapautuminen, kun taas paholaismaiset piirteet johtavat orjuuteen. Älä pelkää, oi Pandava (Arjuna)! sinun piirteesi ovat jumalallisia.　　　　　　　　　　　　　　　　5

Tässä maailmassa on kahdenlaisia ihmisiä: jumalallisia ja paho-
laismaisia. Olen kertonut sinulle kaiken jumalallisista ominaisuuksista;
kuule nyt paholaismaisista, oi Prithan Poika (Arjuna).   6

Paholaismaiset eivät tunne toiminnan oikeaa polkua eivätkä sitä,
milloin pidättäytyä toiminnasta. Heiltä puuttuu puhtaus ja totuus ja so-
piva käytös.   7

He sanovat: "Maailmassa ei ole moraalista perustaa, ei pysyvää to-
tuutta, ei Jumalaa eikä Hallitsijaa. Koska maailma ei ole syntynyt min-
kään järjestelmällisen syy–seuraus-suhteen tuloksena, sen ainoa tarkoi-
tus on himokkaat mielihalut – mikä muukaan?"   8

Sellaiset piloille menneet ihmiset takertuvat heikoilla älyillään vir-
heellisiin uskomuksiinsa ja syyllistyvät moniin hirveyksiin. He ovat maa-
ilman vihollisia, taipuvaisia sen tuhoamiseen.   9

He ovat antautuneet kyltymättömille himoille ja ovat läpeensä val-
heellisia, omahyväisiä ja röyhkeitä. He hautovat harhan vuoksi pahoja
ajatuksia ja kaikkien heidän tekojensa motiivit ovat epäpuhtaita.   10

Koska sellaiset ihmiset uskovat, että ruumiillisten mielihalujen to-
teuttaminen on ihmisen korkein päämäärä, ja koska he uskovat, että
tämä maailma on "kaikki", he ovat uppoutuneet kuolinhetkeensä asti
maailmallisiin huoliin ja murheisiin.   11

Satojen itsekkäiden toiveiden ja odotusten kahleiden sitomina ja vi-
han ja intohimon orjuuttamina he pyrkivät mahdollistamaan ruumiilli-
sia nautintoja keräämällä vaurautta epärehellisin keinoin.   12

"Olen tänään hankkinut tämän ja nyt toteutan seuraavan mieliha-
luni. Omistan nyt näin paljon, mutta haluan enemmän."   13

"Olen surmannut tämän vihollisen, ja teurastan vielä lisää. Olen hal-
litsija ihmisten joukossa, joten kaikki kuuluu minulle. Olen menestynyt,
vahva ja onnellinen."   14

"Olen rikas ja ylhäistä syntyperää, joten voidaanko ketään muuta
verrata minuun? Annan näyttävästi almuja ja uhraan muodollisesti, jo-
ten voin riemuita." Näin puhuvat ne, jotka ovat viisautta vailla kulkeneet
harhaan.   15

Hautoen hämmentäviä ajatuksia, harhan verkkoon juuttuneina,

janoten ainoastaan aisti-iloja, he vajoavat helvetin saastaan. 16

Turhamaisina, itsepäisinä ja vaurauden synnyttämän ylpeyden päihdyttäminä, he uhraavat tekopyhästi ja noudattamatta pyhiä sääntöjä. 17

Egoistiset, öykkäröivät, mahtailevat, irstaat ja raivolle alttiit pahantahtoiset ihmiset halveksuvat Minua, joka oleilen heissä ja kaikissa muissa ihmisissä. 18

Nämä julmat ja vihamieliset pahantekijät, ihmisistä pahimmat, Minä paiskaan kerta toisensa jälkeen paholaismaisiin kohtuihin uudelleensyntymien paikoissa. 19

He joutuvat *asurojen* olemassaolon tilaan, syntyvät harhaisina uudelleen ja uudelleen, eivät saavuta Minua ja näin vajoavat synkimpiin syövereihin. 20

Himo, viha ja ahneus – nämä muodostavat kolminkertaisen helvetin portin, josta kuljetaan sielun hyvinvoinnin tuhoon. Nämä kolme ihmisen pitää siis hylätä. 21

Oi Kuntin Poika (Arjuna)! Kääntymällä pois näiden pimeyden valtakuntaan johtavien kolmen sisäänkäynnin luota ihminen noudattaa omaa parastaan ja sen jälkeen saavuttaa Ylimmäisen. 22

Pyhien kirjoitusten oikeanlainen ymmärtäminen elämänohjeina

Sellainen, joka sivuuttaa pyhien kirjoitusten käskyt ja seuraa omia typeriä mielihalujaan, ei löydä onnea eikä täydellisyyttä eikä Ääretöntä Tavoitetta. 23

Pidä siis pyhiä kirjoituksia ohjenuoranasi sen osalta, mitä pitää tehdä ja mitä välttää. Kun ymmärrät intuitiivisesti pyhien kirjoitusten ohjeet, voit suorittaa velvollisuutesi täällä hyvillä mielin. 24

Aum, Tat, Sat.

Pyhän Bhagavad Gitan upanishadissa – Herra Krishnan keskustelussa Arjunan kanssa, joka on joogan pyhä kirjoitus ja Jumal-oivalluksen tiede – tämä on kuudestoista luku, jonka nimi on "Yhteys jumalallista vaalimalla ja paholaismaista kaihtamalla".

XVII: Kolmenlaista uskoa

Kolme palvonnan mallia

Arjuna sanoi:

Sellaiset, jotka eivät noudata pyhien kirjoitusten sääntöjä, mutta suorittavat uhraukset omistautuen – miten on heidän laitansa, oi Krishna? Ovatko he luonteeltaan sattvisia, rajasisia vai tamasisia? 1

Siunattu Herra sanoi:

Ruumiillisten luontainen usko on kolmitahoista – sattvista, rajasista ja tamasista. Kuuntelehan. 2

Jokaisen ihmisen omistautuminen on sopusoinnussa hänen synnynnäisen luonteensa kanssa. Hänen taipumuksensa muodostavat hänen olemuksensa kaavan; millainen usko, sellainen hän totisesti on. 3

Sattviset kunnioittavat Devoja, rajasiset Yakshoja ja Rakshasoja ja tamasiset Pretoja ja Bhutien joukkoja. 4

Asuramaista luonnetta edustavat ne, jotka kurittavat itseään kauhistuttavilla tavoilla, jotka eivät ole peräisin pyhistä kirjoituksista. Himon, kiintymyksen ja vallanhalun ajamina tekopyhät ja egoistit kiduttavat järjettömästi kehoaan ja loukkaavat samalla Minua, Sisälläoleilijaa. 5–6

Ruoan kolme luokkaa

Kolmesta ihmisluokasta jokainen jopa pitää yhdenlaisesta kolmeen luokkaan kuuluvasta ruoasta; sama pätee heidän *yajnoihinsa*, katumusharjoituksiinsa ja almujen antamiseensa. Kuule näistä eroista. 7

Puhdasmieliset (sattviset) pitävät ruoista, jotka edistävät pitkäikäis-

yyttä, elinvoimaa, kestävyyttä, terveyttä, iloista mieltä ja ruokahalua ja
jotka ovat maukkaita, mietoja, ravitsevia ja helposti sulavia.   8

Rajasiset pitävät kitkeristä, happamista, suolaisista, ylenpalttisen tu-
lisista, mausteisista, vahvoista ja polttavista ruoista, jotka aiheuttavat tus-
kaa, surua ja sairauksia.   9

Tamasiset pitävät ruoista, jotka ovat ravinnollisesti arvottomia,
mauttomia, pilaantuneita, vanhentuneita ja epäpuhtaita.   10

Hengellisten harjoitteiden kolme tasoa

Sellainen *yajna* (uhraus tai velvollisuuden suorittaminen) on sattvi-
nen, jonka tarjoaa teostaan mitään kaipaamaton ja joka suoritetaan py-
hien kirjoitusten ohjeiden mukaisesti ja ainoastaan oikeamielisyyden
tähden.   11

Tiedä, oi Bharatojen Paras (Arjuna)! että palkkion toivossa tai rehen-
televässä hengessä suoritettu *yajna* on luonteeltaan rajasinen.   12

Tamasiseksi tuomittakoon *yajna*, joka suoritetaan pyhien kirjoitus-
ten ohjeista piittaamatta, joka ei sisällä ruoan tarjoamista ja arvostuksen
osoituksena annettua lahjaa,[37] joka suoritetaan ilman pyhiä rukouksia tai
lauluja, ja ilman omistautumista (Jumalalle).   13

Devojen, kahdesti syntyneiden, gurujen ja viisaiden palvontaa, puh-
tautta, rehellisyyttä, pidättyvyyttä ja väkivallattomuutta pidetään katu-
musharjoituksina tai kehon askeesina.   14

Meditatiivista yhteyttä ihmisen todelliseen Itseen ja rauhattomuutta
aiheuttamattomien, todenmukaisten, miellyttävien ja hyödyllisten sano-
jen lausumista pidetään puheen askeesina.   15

Tyyntä ja tyytyväistä mielen selkeyttä, ystävällisyyttä, hiljaisuutta, it-
sehillintää ja luonteen puhtautta pidetään mielen askeesina.   16

37 Pyhitetyn *yajnan* eli muodollisen palvonnan perinteeseen kuuluu ruoan jakaminen (*srishta anna*)
ja arvostuksen osoituksena annettu lahja (*dakshina*) gurulle tai rituaalin valvojalle. Ruoan tarjoaminen
vieraille, köyhille tai "bramiineille" (papeille, luopujille tai muille pyhille henkilöille, jotka ovat omis-
taneet elämänsä Jumalan palvelemiselle) symboloi hyväntahtoista sydäntä, joka jakaa siunauksensa,
mikä on ihmisen velvollisuus kanssaihmisiään kohtaan. Hengellisesti pakollinen "maksu" tai lahjoitus
gurulle tai rituaalia valvovalle papille ilmaisee kiitollisuutta hänelle, jolta hengellistä ohjausta on saatu,
ja tunnustaa opetuksen arvon.

Tätä luonteeltaan sattvista kolmitahoista katumusta harjoittavat hellittämättömät syvästi omistautuneet, jotka eivät halaja töidensä hedelmiä. 17

Askeesin sanotaan olevan rajasista eli epävakaata ja katoavaa, kun se suoritetaan rehentelymielessä ja huomiota, kunniaa ja mainetta toivoen. 18

Tamasinen askeesi perustuu tietämättömyyteen tai typeryyteen tai siihen, että kidutetaan itseä tai vahingoitetaan muita. 19

Kolmenlaista antamista

Hyvä eli sattvinen lahja annetaan oikeamielisyyden tähden ja toivomatta mitään vastineeksi. Se annetaan oikeaan aikaan oikeassa paikassa ja lahjan ansaitsevalle henkilölle. 20

Lahja on rajasinen, jos se annetaan vastahakoisesti tai vastineen tai meriitin toivossa. 21

Tamasinen lahja annetaan väärässä paikassa ja väärään aikaan lahjaa ansaitsemattomalle henkilölle ja sitä saattaa halveksunta tai se annetaan vailla hyväntahtoisuutta. 22

Aum-Tat-Sat: Isä Jumala, Poika ja Pyhä Henki

Nimitystä "*Aum-Tat-Sat*" pidetään Brahmanin (Jumalan) kolmiosaisena nimityksenä. Tämän voiman avulla alussa luotiin bramiinit (Brahmanin tuntijat), Vedat ja uhrirituaalit. 23

Niinpä Brahmanin seuraajien teot – pyhien kirjoitusten mukainen uhraaminen, lahjojen antaminen ja askeesi – alkavat aina laulamalla "*Aum*". 24

Sitten vapautumisen etsijät suorittavat erilaisia uhraus-, lahjoitus- ja askeesiriittejä keskittyen "*Tatiin*" tuloksia haikailematta. 25

Sana "*Sat*" on (luomakunnan tuolla puolen olevan) Ylimmäisen Todellisuuden ja hyvyyden (jota säteilee Siitä kaikkialla luomakunnassa) nimitys. "*Sat*" viittaa myös hengellisen toiminnan korkeampiin muotoihin. 26

Vakauden tilasta korkeammissa uhrausriiteissä, itsekurista ja an-
taumuksellisesta uhrista käytetään nimitystä "*Sat*" (yhteys Jumalaan
transsendenttina Kosmisena Tietoisuutena). Todella, sama hengellinen
toiminta, joka liittyy "*Tatiin*" (Jumalan oivaltaminen immanenttina kaik-
kialla luomakunnassa), on myös nimeltään "*Sat*".   27

Oi Partha (Arjuna)! Mitä tahansa uhrataankaan, annetaankaan lah-
jaksi tai millaista askeesia harjoitetaankaan ilman uskoa (omistautu-
mista), kutsutaan nimellä "*asat*". Se on arvotonta niin täällä kuin tuon-
puoleisessakin.   28

Aum, Tat, Sat.

*Pyhän Bhagavad Gitan upanishadissa – Herra Krishnan keskustelussa Arjunan
kanssa, joka on joogan pyhä kirjoitus ja Jumal-oivalluksen tiede – tämä on seit-
semästoista luku, jonka nimi on "Yhteys kolmenlaisen uskon avulla".*

XVIII: "Totuuden nimessä lupaan sinulle: Tulet saavuttamaan Minut"

Luopuminen: Jumalallinen taito toimia maailmassa epäitsekkäästi ja kiintymättä

Arjuna sanoi:

Oi Hrishikesha, oi Mahtavasti Aseistettu, oi Keshi(-demonin) Surmaaja! Halajan tietää *sannyasan* (luopumisen) ja *tyagan* (luovuttamisen) todelliset merkitykset ja niiden erot. 1

Siunattu Herra sanoi:

Tietäjät kutsuvat *"sannyasaksi"* luopumista kaikista teoista, jotka tehdään mielihalujen vuoksi. Viisaat julistavat, että *"tyaga"* on aktiviteettien tuloksista luopumista. 2

Joidenkin filosofien mukaan kaikista töistä pitäisi luopua, sillä ne ovat tahraisia. Toisten mukaan *yajnasta* (pyhä tuliriitti), *danasta* (filantropia) ja *tapasista* (itsekurista) ei pidä luopua. 3

Ymmärrä siis Minun sanomanani lopullinen totuus luopumisesta, oi Bharatojen Paras (Arjuna). Sillä luopumista on puhuttu olevan kolmenlaista, oi Tiikeri Ihmisten joukossa. 4

Yajnaa, danaa ja *tapasia* koskevia tekoja pitää totisesti suorittaa eikä niitä pidä hylätä, sillä pyhä tuliriitti, filantropia ja itsekuri pyhittävät viisaat. 5

Mutta jopa nämä teot pitää suorittaa, oi Partha (Arjuna), hyläten kiintymys niihin ja halu niiden tuloksiin. Tämä on Minun ylivertainen ja varma vakaumukseni. 6

Velvollisuuksista luopuminen ei ole asianmukaista. Sellaisista teoista luopuminen harhan vuoksi on tamasista (pahuutta). 7

Sellainen, joka luopuu toiminnasta siksi, että se on itsessään vaikeaa tai pelätessään sen aiheuttamaa ruumiillista tuskaa, luopuu rajasisessa mielessä. Hän ei tule saamaan palkkiota luopumisestaan. 8

Oi Arjuna, kun velvollisuus suoritetaan ainoastaan siksi, että se pitää suorittaa, ja luovutaan kiintymyksestä tekoon ja sen seurauksiin, luopumista pidetään sattvisena. 9

Sattvaan uppoutuneen luopujan ymmärrys on tyyni, hän on vapaa epäilyksistä, ei kaihda epämiellyttäviä tekoja eikä iloitse miellyttävistä. 10

Ruumiillisen olennon on totisesti mahdotonta luopua täysin teoista, mutta tekojen hedelmien luovuttajaa sanotaan luopujaksi. 11

Tekojen kolmitahoiset seuraukset – hyvät, pahat ja sekoittuneet – näkyvät luopumattomissa kuoleman jälkeen, mutta luopujissa eivät milloinkaan. 12

Toiminnan juuret ja toiminnan täyttymys (vapautuminen)

Oi Mahtavasti Aseistettu (Arjuna), ota opiksesi, kun Minä kerron sinulle viisi syytä kaiken toiminnan taustalla, jotka on kronikoitu korkeimmassa viisaudessa (Sankhya), missä kaikki toiminta loppuu. 13

Ihmiskeho, epäaito toimija siellä, moninainen välineellisyys (aistit, mieli, äly), erilaiset eriytyvät toiminnot ja lopuksi eli viidentenä hallitseva jumaluus, kohtalo: 14

Nämä ovat viisi syytä kaikkeen toimintaan – oikeaan tai väärään – jonka ihminen suorittaa kehollaan, puheellaan ja mielellään. 15

Koska asia on näin, sellainen, jonka tietoisuus on vääristynyt ja joka kuvittelee kirkastumattomalla ymmärryksellä Itsen olevan ainoa tekojen määrääjä, ei näe selkeästi. 16

Hän, joka on pakkomielteisen egoismin yläpuolella ja jonka äly on selkeä, ei näitä (Kurukshetrassa taisteluun valmiina olevia) ihmisiä surmatessaankaan todellisuudessa surmaa heitä, eivätkä sellaiset teot häntä sido. 17

Tietäjä, tieto ja tiedetty muodostavat kolmitahoisen yllykkeen toimia. Toimija, väline ja teko ovat toiminnan kolmitahoinen perusta. 18

Tiedon, toiminnan ja luonteen kolme tasoa

Tietoa, toimintaa ja toimijaa kuvaillaan Sankhya-filosofiassa olevan kolmenlaista kolmen *gunan* erottelun perusteella. Kuule myös näistä asianmukaisesti. 19

Oi Arjuna, ymmärrä, että se tieto on sattvista, jonka avulla yksi tuhoutumaton Henki havaitaan kaikissa olennoissa, jakamaton jakaantuneessa. 20

Mutta sellainen tieto, jonka avulla havaitaan olentojen maailman kokonaisuuden koostuvan monituisista, erilaisista ja toisistaan eriävistä entiteeteistä, on sen sijaan rajasista. 21

Ja tieto, joka keskittyy yksittäiseen ilmiöön ikään kuin se olisi kokonaisuus, joka ei ota huomioon motiivia eikä noudata totuuden periaatteita, on tamasista, tyhjänpäiväistä ja helppoa. 22

Jumalallisesti ohjattu teko, joka suoritetaan täysin vailla kiintymystä, ilman viehätystä tai vastenmielisyyttä ja teon tuloksia halajamatta, on sattvinen. 23

Teko, jota inspiroi halu mielihalujen tyydyttämiseen tai joka suoritetaan egoistisesti ja suurin ponnistuksin, on rajasinen. 24

Tamasisen toiminnan saa aikaan harha ja se tehdään ottamatta huomioon tekijän kykyjä ja seurauksista piittaamatta – vaikka se merkitsisi terveyden, vaurauden ja vaikutusvallan menettämistä ja vahinkoa toisille. 25

Egoismista ja kiintymyksestä vapaata toimijaa, jota täyttymys tai sen puuttuminen ei kosketa ja joka on rohkea ja väsymätön omistautumisessaan, sanotaan sattviseksi. 26

Teon välikappaletta eli toimijaa, joka on täynnä kiintymystä ja teon tuloksien kaipuuta ja joka on täynnä taipumuksia ahneuteen, epäpuhtauteen ja armottomuuteen ja joka innostuu tai masentuu helposti, sanotaan rajasiseksi.   27

Toimija on tamasinen, jos hänen kehonsa ja mielensä aaltoilevat, hän on vailla omatuntoa, ylimielinen, häikäilemätön, pahantahtoinen, laiska, murehtivainen ja vitkasteleva.   28

Äly (buddhi), mielenlujuus (dhriti) ja onnellisuus (sukham): Näiden korkeammat ja alemmat ilmaukset

Oi Rikkauksien Voittaja (Arjuna), selitän nyt erikseen ja perinpohjaisesti älyn ja mielenlujuuden kolmitahoisuuden *gunien* mukaisesti. Kuuntelehan.   29

Sattviseksi sanotaan sellaista älyä, oi Partha (Arjuna), joka oikein ymmärtää halujen vuoksi tehtyjen tekojen ja luopumisen polut, tarpeettomat ja velvollisuudentuntoiset teot syinä ennalta murehtimiseen ja pelottomuuteen, orjuuteen ja pelastukseen.   30

Oi Partha (Arjuna), rajasinen äly on sellaista, joka vääristää karkeudellaan oikeamielisyyden (*dharma*) ja mielettömyyden (*adharma*), velvollisuudet ja tarpeettomat teot.   31

Oi Partha (Arjuna), äly on tamasista, kun se on kietoutunut pimeyteen ja pitää uskonnottomuutta uskontona ja näkee kaiken vääristyneesti.   32

Jos mielen, *pranan* ja aistien toimintaa säädellään päättäväisen johdonmukaisesti – estetään niiden vääristyminen (kuriton aaltoilu) joogan harjoittamisen avulla – sellainen mielenlujuus (*dhriti*) on sattvista, oi Partha (Arjuna).   33

Päättäväinen sisäinen kärsivällisyys, joka kohdistaa mielen *dharmaan* (uskonnolliseen velvollisuuteen), mielihaluihin ja rikkauksiin ja janoaa kiintymyksen vuoksi niiden tuloksia, on *rajasista-dhritiä*, oi Partha (Arjuna).   34

Se, minkä vuoksi typerys ei hylkää liiallista nukkumista, pelkoa, surua, epätoivoa ja julkeaa omahyväisyyttä, oi Partha (Arjuna), on *tamasista-dhritiä*.   35

Oi Oivalluksen Itsepäinen Härkä (Arjuna)! Kuuntele Minua, kun kerron kolmenlaisesta onnellisuudesta: Transsendentistä onnellisuudesta (ylimmäisestä autuudesta), joka saavutetaan toistuvalla mielen uudelleen keräämisellä,[38] ja jossa tunnistetaan kaiken tuskan lakkaaminen;   36

Onnellisuus on sattvista, jos se syntyy Itse-oivalluksen selkeän ja arvostelukykyisen havaintokyvyn avulla. Se vaikuttaa ensin myrkyltä, mutta on jälkeenpäin nektaria.   37

Onnellisuus, joka syntyy aistien ja aineen kohtaamisesta, on rajasista. Se vaikuttaa ensin nektarilta, mutta on viime kädessä myrkkyä.   38

Hämärä onnellisuus, joka alkaa ja loppuu itsepetoksesta ja johtuu ylenmääräisestä nukkumisesta, laiskuudesta ja väärinymmärryksestä, on tamasista.   39

Ihmisen jumalallisesti määrätyn velvollisuuden havaitseminen

Maailmassa ei ole olentoa eikä astraalitaivaassa jumalolentoa, joita nämä Prakritista (Jumalan luomasta Kosmisesta Luonnosta) syntyneet kolme ominaisuutta eivät koskisi.   40

Oi Vihollisten Polttaja (Arjuna)! Bramiinien, kshatriyoiden, vaishyoiden ja myös sudrien velvollisuudet määräytyvät heidän omien luontojensa pohjalta kumpuavien *gunien* (ominaisuuksien) mukaan.   41

Mielenhillintä, aistienhillintä, itsekuri, puhtaus, anteeksiantavaisuus, rehellisyys, viisaus, Itse-oivallus ja usko tuonpuoleiseen ovat bramiinien velvollisuuksia ja ne kumpuavat heidän omasta luonnostaan.   42

Urheus, säteily, päättäväinen sietokyky, taito, pakenemattomuus taistelusta, anteliaisuus ja johtajuus ovat kshatriyoiden luontaisia velvollisuuksia.   43

Maanviljely, karjankasvatus ja liiketoiminta ovat vaishyoiden luontaisia velvollisuuksia. Muiden palveleminen on sudrille luontainen velvollisuus.   44

Kun jokainen suorittaa omat velvollisuutensa, ihmiselle seuraa

---

38 *Abhyāsād ramate*, kantasanoista *abhyāsā*, kirjaimellisesti: "jatkuva yritys pitää mieli sen puhtaassa sattvisessa tilassa", ja *ram*, kirj. "nauttia", "rauhoittaa, asettaa levolle" – so. saavuttaa transsendentti onnellisuus. Kun mieli kerätään uudelleen sen puhtaan sattviseen tilaan, aistien myllerrys tyyntyy ja sielun transsendentti, ylimmäinen autuus ilmenee.

suurin mahdollinen menestys. Miten, sisäsyntyisiä velvollisuuksia nou-
dattamalla, ihminen menestyy – kerron sen.   45

Ihminen saavuttaa täydellisyyden palvomalla omien luontaisten ky-
kyjensä mukaan Häntä, josta kaikki olennot ovat kehittyneet ja joka on
läsnä kaikkialla maailmassa.   46

Parempi kuin hyvin suoritettu toisen _dharma,_ on oma _dharma,_ vaik-
kakin ansioiltaan puutteellinen (jokseenkin epätäydellinen). Hän, joka
suorittaa sisäsyntyisen luontonsa mukaan määrätyn velvollisuuden, ei tee
syntiä.   47

Oi Kuntin Jälkeläinen (Arjuna), sisäsyntyistä velvollisuutta ei pidä lai-
minlyödä, vaikka siinä olisikin epätäydellisyyksiä, sillä kaikkiin hankkei-
siin liittyy aina vikoja niin kuin liekistä nousee aina savua.   48

Gitan sanoman tiivistelmä:
Miten Jumal-oivallus saavutetaan

Äärimmäisen täydellisyyden – oivalluksen toiminnattoman tilan luo-
pumisen avulla – saavuttaa sellainen yksilö, joka pitää älynsä aina irral-
laan maailmallisista siteistä ja intohimoista[39], joka voittaa sielunsa takai-
sin ja jolla ei ole mielihaluja.   49

Oi Kuntin Poika (Arjuna), kuule, kun selitän lyhyesti, miten sellai-
sen täydellisyyden saavuttanut löytää Brahmanin, viisauden ylimmäisen
kiteytymän.   50

Uppoutuen täydellisesti puhdistettuun älyyn, alistaen kehon ja ais-
tit päättäväisellä kärsivällisyydellä, hyläten (siinä määrin kuin mahdol-
lista) kaikki äänet ja muut aistiärsykkeet, luopuen kiintymyksestä ja vas-
tenmielisyydestä;   51

Pysyttelemällä eristäytyneessä paikassa, syömällä kevyesti, hallitse-
malla kehoa, puhetta ja mieltä; uppoutumalla jatkuvaan jumalalliseen
meditaatioon ja sielun yhdistävään joogaan; omaamalla intohimotto-
muutta;   52

---

39 _Asaktabuddhi:_ kirjaimellisesti: "– – hän, joka pitää älynsä aina irrallaan". _Buddhi,_ sielun arvosteluky-
kyinen ominaisuus. Kun _buddhi_ on puhdas ja _manasin,_ aistimielen, vaikutusten vääristämätön, se pal-
jastaa totuuden ja vie tietoisuuden sen luontoiseen tilaan todellisessa Itsessä, sielussa.

Rauhallisena, luopumalla egoismista, voimasta, turhamaisuudesta, himosta, vihasta, omaisuudesta ja "minä ja minulle" -tietoisuudesta – näin ihminen on kelvollinen tulemaan yhdeksi Brahmanin kanssa. 53

Brahmaniin syventymällä – tyynisieluinen, vailla suruja ja kaipuita, kaikkiin olentoihin tasa-arvoisesti suhtautuva – hän saavuttaa ylittämättömän omistautumisen Minua kohtaan. 54

Tuon ylittämättömän omistautumisen avulla hän oivaltaa Minut ja Minun luontoni – sen, mitä ja kuka Minä olen. Nämä totuudet sisäistettyään hän tulee tuota pikaa Minuun. 55

Kun ihminen suorittaa kerta toisensa jälkeen uskollisesti velvollisuutensa, Minuun turvautuen, hän saavuttaa Minun suosioni osoituksella ikuisen, muuttumattoman tilan. 56

Omistaen mielessäsi kaikki tekosi Minulle, asettaen Minut Ylimmäiseksi Päämääräksi, käyttäen *buddhi*-joogaa (yhteyttä arvostelukykyisen viisauden avulla), sulauta sydämesi jatkuvasti Minuun. 57

Kun sydämesi on sulautunut Minuun, ja olen ollut sinulle armollinen, ylität kaikki esteet. Mutta, jos et egoismin vuoksi noudata neuvojani, tulet kohtaamaan tuhon. 58

Jos egoosi takertuen sanot: "En taistele", päättäväisyytesi on hedelmätöntä! Prakriti, sisäsyntyinen luontosi, pakottaa sinut taistoon. 59

Oi Kuntin Jälkeläinen (Arjuna), luonnossasi olevan sisäsyntyisen karmasi kahlitsemana, mitä et harhan vuoksi tekisi, se sinut pakotetaan avuttomana tekemään. 60

Oi Arjuna, Herra on jokaisen olennon sydämessä ja Hän pakottaa kosmisen harhansa (*maya*) avulla kaikki olennot pyörimään ikään kuin koneeseen kiinnitettyinä. 61

Oi Bharatan Jälkeläinen (Arjuna), turvaudu Häneen koko sydämesi kiihkolla. Hänen armostaan tulet saavuttamaan rikkumattoman rauhan ja Ikuisen Turvan. 62

Näin olen antanut sinulle viisauden, kaikista salaisuuksista salaisimman. Kun olet mietiskellyt asiaa perin pohjin, toimi niin kuin haluat. 63

Kuuntele vielä Minun ylintä sanaani, salaisinta kaikista. Koska Minä rakastan sinua, kerron sinulle hyödyllisistä asioista.   64

Upota mielesi Minuun, tule Minun seuraajakseni, luovu kaikesta Minun hyväkseni ja kumarra Minulle. Olet Minulle arvokas, joten totuuden nimessä lupaan sinulle: tulet saavuttamaan Minut!   65

Hylkää kaikki muut *dharmasi* (velvollisuutesi) ja muista yksin Minut;[40] vapautan sinut kaikista synneistä (jotka kertyvät noiden vähäisempien velvollisuuksien suorittamatta jättämisestä). Älä murehdi!   66

Älä koskaan lausu näitä sanoja sellaiselle, jolla ei ole itsehillintää ja joka ei ole omistautunut, äläkä sellaiselle, joka ei palvele muita tai ei välitä kuulla, äläkä sellaiselle, joka puhuu Minusta pahaa.   67

Kuka sitten kertookin seuraajilleni ylimmäisen salaisen tiedon, Minulle täysin omistautuen, tulee epäilyksettä Minun luokseni. Kukaan ihmisten joukosta ei tee minulle kallisarvoisempaa palvelusta; kukaan koko maailmassa ei ole Minulle arvokkaampi.   68-69

Hän, joka opiskelee ja ymmärtää (havaitsee intuitiivisesti) tämän pyhän vuoropuhelun välillämme, tulee palvomaan Minua viisauden uhrilla (*yajna*). Sellainen on Minun pyhä ilmaisuni.   70

Jopa sellainen yksilö – täynnä antaumusta ja ilman halveksuntaa – joka ainoastaan kuuntelee tätä pyhää vuoropuhelua ja ottaa siitä opikseen, vapautuu maallisesta karmasta ja tulee oleilemaan hyveellisten siunatuissa maailmoissa.   71

Hengen ja sielun vuoropuhelu päättyy

Oi Partha (Arjuna), oletko kuunnellut näitä viisauksia keskittynein sydämin? Oi Dhananjaya, onko harhasta syntynyt tietämättömyytesi tuhottu?   72

Arjuna sanoi:

Harhani on hävinnyt! Olen saanut muistini (sielustani) takaisin Sinun armostasi, oi Achyuta (verraton Krishna). Olen vakaasti asettunut ja epäilykseni ovat kaikonneet. Noudatan Sinun sanaasi.   73

---

40 *Mām ekaṁ śaraṇaṁ vraja*: kirjaimellisesti, "Tule (*vraja*) suojatuksi (*śaraṇaṁ*, 'suojelluksi' – harhalta) ykseydessä (*ekaṁ*) Minun kanssani (*mām*)." "Pidä tietoisuutesi aina Minun suojaavassa Läsnäolossani", so. "Muista yksin Minut".

Sanjaya sanoi:

Näin olen kuunnellut tätä ihmeenomaista keskustelua Vasudevan (Krishna) ja yleväsieluisen Parthan (Arjuna) välillä, mikä sai ihokarvani nousemaan kihelmöivästä riemusta pystyyn. 74

Vyasan armosta tämä ylivertainen salainen Jooga on annettu minulle, sen on ilmentänyt suoraan tietoisuuteeni Krishna itse, Joogan Herra! 75

Oi kuningas Dhritarashtra, kun muistelen muistelemasta päästyäni tuota erikoislaatuista ja pyhää keskustelua Keshavan (Krishnan) ja Arjunan välillä, ylimaallinen riemu täyttää minut kerta toisensa jälkeen. 76

Ja, oi kuningas Dhritarashtra, kun palautan mieleeni aina uudelleen tuon suunnattoman ilmestyksen[41] Harista (Krishnasta), hämmästykseni on suuri; iloni ei lakkaa uudistumasta. 77

Tähän uskon: missä tahansa Joogan Herra, Krishna, on ilmentynyt ja Partha (Arjuna, todellinen seuraaja), itsehillinnän jousen mestarillinen hallitsija, on läsnä, siellä ovat myös menestys, voitto, voimien saavuttaminen ja itsekurin erehtymätön laki (joka johtaa vapautumiseen). 78

Aum, Tat, Sat.

Pyhän Bhagavad Gitan upanishadissa – Herra Krishnan keskustelussa Arjunan kanssa, joka on joogan pyhä kirjoitus ja Jumal-oivalluksen tiede – tämä on kahdeksastoista luku, jonka nimi on "Yhteys luopumisen ja vapautumisen avulla".

---

41 *Vishvarupa*, kosminen hahmo.

Loppusanat

"Nouse! Edessäsi avautuu kuninkaallinen polku!"

Herra Krishnan sanat Arjunalle Bhagavad Gitassa ovat samaan aikaan syvällinen pyhä kirjoitus joogatieteestä, yhteydestä Jumalan kanssa, ja oppikirja jokapäiväiseen elämään. Oppilas johdatetaan Arjunan kanssa askel askeleelta hengellisen epäilyksen ja heikkosydämisyyden kuolevaisesta tietoisuudesta jumalalliseen yhteyteen ja sisäiseen päättäväisyyteen. Gitan ajaton ja universaali viesti on totuuden ilmaisussaan kaiken kattava. Gita opettaa ihmiselle hänen oikeamielisen velvollisuutensa elämässä, ja kuinka täyttää se intohimottomuudella, joka auttaa välttämään tuskan ja ravitsee viisautta ja menestystä. Luomakunnan arvoitukset ratkeavat ymmärtämällä aineen luonto. Äärettömän Hengen verhoavat mysteerit pirstoutuvat yksi toisensa jälkeen paljastaen rakkaan Jumalan, jonka mahtavaa kaikkivoipaisuutta tasoittaa hellä rakkaus ja myötätunto, jotka vastaavat auliisti Hänen seuraajansa vilpittömään kutsuun.

Bhagavad Gitan ylevä ydinsanoma tiivistettynä: oikeat teot, kiintymättömyys maailmaan ja sen aistinautintoihin, ja yhteys Jumalaan valaistuneen gurun opettaman *pranayama*-meditaation korkeimman joogan avulla muodostavat kuninkaallisen polun Jumalan saavuttamiseksi.

Krishnan Arjunalle opettama *kriya*-jooga -tekniikka, johon viitataan Gitan säkeissä IV:29 ja V:27–28, on ylivertainen joogameditaation hengellinen tiede. Tämän materiaalisilla aikakausilla salatun tuhoutumattoman joogan elvytti modernille ihmiselle Mahavatar Babaji ja sitä opettaa Self-Realization Fellowship/Intian Yogoda Satsanga Society -järjestön Gurut. Babaji itse valtuutti minut levittämään tätä Jumal-yhteyden pyhää tiedettä. Bhagavan Krishnan ja Mahavatar Babajin, joita pidän Hengessä yhtenä, ja minun guruni ja *paramguruni*, Swami Sri Yukteswarin ja Lahiri Mahasayan siunauksella, tarjoan maailmalle tämän Gitan tulkinnan kuten se on minulle jumalallisesti paljastettu. Kuka tahansa Arjunan – ihanteellisen oppilaan malliesimerkki – lailla toimiva hengellisen tien kulkija, joka suorittaa oikeamieliset velvollisuutensa kiintymättä ja hioo täydelliseksi joogameditaation harjoittamisensa *Kriya*-joogan tai vastaavan tekniikan avulla, vetää samalla tavalla puoleensa Jumalan siunauksia ja ohjausta ja voittaa Itse-oivalluksen.

Kuten Jumala puhui Arjunan kanssa, Hän tulee puhumaan myös sinun kanssasi. Kuten Hän nosti ylös Arjunan hengen ja tietoisuuden, Hän tulee kohottamaan myös sinut. Kuten hän myönsi Arjunalle ylivertaisen hengellisen ilmestyksen, Hän tulee myöntämään sinulle valaistumisen.

Bhagavad Gitassa olemme nähneet tarinan sielun matkasta takaisin Jumalan luokse – matkasta, joka jokaisen täytyy tehdä. Oi jumalallinen sielu! Kuten Arjuna, "Hylkää tuo hauras (kuolevaisen tietoisuuden) heikkosydämisyys. Nouse!" Edessäsi avautuu kuninkaallinen polku.

Herra Krishnan ja Arjunan sanskritinkieliset lisänimet Bhagavad Gitassa

Herra Krishna:

Achyuta — Muuttumaton; Verraton

Anantarupa — Ehtymätön Hahmo

Aprameya — Rajoittamaton

Apratimaprabhava — Verrattoman Voiman Herra

Arisudana — Vihollisten Tuhoaja

Bhagavan — Siunattu Herra

Deva — Herra

Devesha — Herra Jumalten

Govinda — Pääpaimen; johtaa ja kontrolloi aistien "lehmiä"

Hari — sydänten "Ryövääjä"

Hrishikesha — Aistien Herra

Isham Idyam — Ihailtava

Jagannivasa — Kosminen Suojelija (Maailman Suoja)

Janardana — Ihmisten Rukouksiin Myöntyjä

Kamalapattraksha — Lootussilmäinen

Keshava, Keshinisudana — Keshi-Demonin Surmaaja; Pahuuden Tuhoaja

Madhava — Rikkauksien Jumala

Madhusudana — Madhu-Demonin Surmaaja, so. Tietämättömyyden Surmaaja

Mahatman — Valtiassielu

Mahabaho — Mahtavasti Aseistettu

Prabhu — Herra tai Mestari

Prajapati — Lukemattomien Jälkeläisten Jumalallinen Isä

Purushottama — Ylimmäinen Henki

Sahasrabaho — Tuhatkätinen

Varshneya — Vrishni Klaanin Jälkeläinen

Vasudeva — Maailman Herra; Herra Luojana/Ylläpitäjänä/Tuhoajana
Vishnu — Kaikkialla Oleva Ylläpitäjä
Vishvamurte — Kosmoskehoinen
Yadava — Yadun Jälkeläinen
Yogeshvar — Joogan Herra

Arjuna:

Anagha — Synnitön
Bharata — Kuningas Bharatan Jälkeläinen
Bharatashreshtha — Bharatojen Paras
Bharatarishabha — Bharatojen Härkä, so. Bharata-dynastian jälkeläisten paras tai kaikkein erinomaisin
Bharatasattama — Bharatojen Paras
Dehabhritan Vara — Ylimmäinen Ruumiillisten Joukossa
Dhananjaya — Rikkauksien Voittaja
Gudakesha — Unen Valloittaja ("aina valmis, uneton, harhan kukistaja")
Kaunteya — Kuntin Poika
Kiritin — Kruunupäinen
Kurunandana — Kuru-dynastian Ylpeys tai Valittu Poika
Kurupravira — Kurujen Suuri Sankari
Kurusattama — Kurujen Kukka (Paras)
Kurushreshtha — Kuruprinssien Paras
Mahabaho — Mahtavasti Aseistettu
Pandava — Pandujen Jälkeläinen
Parantapa — Vihollisten Polttaja
Partha — Prithan Poika
Purusharishabha — Kukka Miesten Joukossa (kirj., "härkä" tai päällikkö miesten joukossa)
Purushavyaghra — Tiikeri Miesten Joukossa
Savyasachin — Hän Joka Hallitsee Jousen Molemmilla Käsillä

KIRJOITTAJASTA

"Jumalan rakastamisen ja ihmiskunnan palvelemisen ihanteet toteutuivat täysimittaisesti Paramahansa Yoganandan elämässä. – – Vaikka hän vietti suurimman osan elämästään Intian ulkopuolella, hän kuuluu suurten pyhimystemme joukkoon. Hänen työnsä jatkaa kasvuaan loistaen yhä kirkkaammin ja kutsuen ihmisiä kaikkialla Hengen pyhiinvaellustielle."

– Intian hallituksen kunnianosoituksesta sen julkaistessa juhlapostimerkin Paramahansa Yoganandan muistolle 25 vuotta hänen kuolemansa jälkeen.

Paramahansa Yogananda syntyi Intiassa tammikuun viidentenä päivänä 1893. Hän omisti elämänsä kaikenrotuisten ja eri uskontoja tunnustavien ihmisten auttamiseen, jotta he voisivat oivaltaa yhä kirkkaammin ihmishengen todellisen kauneuden, jalouden ja jumalallisuuden sekä pystyisivät ilmentämään sitä omassa elämässään.

Suoritettuaan akateemisen loppututkinnon Kalkutan yliopistossa 1915 Sri Yogananda liittyi juhlallisella munkkilupauksella Intian kunnioitettuun svami-munkkikikuntaan. Kaksi vuotta myöhemmin hän aloitti elämäntyönsä perustamalla "kuinka elää" -koulun – siitä on sittemmin muodostunut kaksikymmentäyksi oppilaitosta eri puolille Intiaa. Koulussa opetettiin perinteisten akateemisten aineiden lisäksi joogaa ja hengellisiä ihanteita. Vuonna 1920 hänet kutsuttiin Intian edustajaksi Bostoniin Uskontoliberaalien kansainväliseen kongressiin. Hänen kongressiesitelmänsä ja sen jälkeiset luentonsa itärannikolla saivat innostuneen vastaanoton, ja vuonna 1924 hän aloitti koko mantereen yli ulottuvan puhematkan.

Seuraavien kolmenkymmenen vuoden aikana Paramahansa Yogananda edisti kauaskantoisella tavalla idän hengellisen viisauden ymmärtämistä ja arvostusta läntisessä maailmassa. Hän muodosti Los Anglesiin kansainvälisen päämajan vuonna 1920 perustamalleen uskontokuntien rajat ylittävälle uskonnolliselle Self-Realization Fellowship -järjestölle. Kirjoituksillaan, laajoilla luentomatkoillaan ja luomalla lukuisia Self-Realization-temppeleitä ja -meditaatiokeskuksia hän tutustutti tuhannet totuuden etsijät muinaiseen joogatieteeseen ja -filosofiaan ja sen universaalisti käyttökelpoisiin meditaatiotekniikoihin.

Tänään Paramahansa Yoganandan aloittama hengellinen ja humanitaarinen työ jatkuu Self-Realization Fellowship/Yogoda Satsanga Societyn nykyisenä presidenttinä toimivan veli Chidanandan ohjauksessa. Järjestö julkaisee Paramahansa Yoganandan luentoja, kirjoituksia, vapaamuotoisia puheita (samoin kuin laajaa opetuskirjesarjaa kotiopiskelua varten) sekä julkaisutoiminnan lisäksi johtaa eri puolilla maailmaa toimivia temppeleitä, retriittejä ja keskuksia, Self-Realization Fellowship -luostariyhteisöjä sekä maailmanlaajuista rukouspiiriä.

Sri Yoganandan elämää ja työtä käsittelevässä artikkelissaan Scripps Collegen muinaisten kielten professori tri Quincy Howe Jr. kirjoitti: "Paramahansa Yogananda toi länteen, ei vain Intian ikiaikaista lupausta Jumalan oivaltamisen mahdollisuudesta, vaan myös käytännöllisen menetelmän, jonka avulla kaikki hengelliset etsijät voivat edistyä nopeasti kohti tuota päämäärää. Alun perin Intian hengellistä perintöä arvostettiin lännessä ainoastaan kaikkein ylevimmällä ja abstrakteimmalla tasolla, mutta nyt se on harjoitusten ja oman kokemuksen muodossa kaikkien niiden ulottuvilla, jotka haluavat tulla tuntemaan Jumalan, ei tuonpuoleisessa vaan tässä ja nyt. – – Yogananda on tuonut korkeimmat kontemplaation menetelmät kaikkien ulottuville.

Paramahansa Yoganandan elämää ja opetuksia kuvataan hänen teoksessaan *Joogin omaelämäkerta* (katso sivu 170).

Paramahansa Yogananda:
Joogi Elämässä Ja Kuolemassa

Paramahansa Yogananda siirtyi *mahasamadhiin* (joogin lopullinen, tietoinen poistuminen kehosta) Los Angelesissa maaliskuun seitsemäntenä päivänä vuonna 1952 lopetettuaan puheensa Intian suurlähettilään Binay R. Senin kunniaksi pidetyillä illallisilla.

Suuri maailmanopettaja osoitti joogan (tieteellisten Jumal-yhteyteen johtavien tekniikoiden) arvon sekä elämässään että kuolemassaan. Viikkoja hänen poismenonsa jälkeen hänen samanlaisina pysyneet kasvonsa loistivat muuttumatonta jumalallista hohdetta.

Harry T. Rowe, losangelesilaisen Forest Lawn Memorial-Park -hautausmaan johtaja – suuren mestarin ruumis on tilapäisesti sijoitettu tuolle hautausmaalle – lähetti Self-Realization Fellowshipille notaarin vahvistaman kirjeen. Seuraavat otteet ovat siitä:

"Se, että kaikki näkyvät hajoamisen merkit puuttuivat Paramahansa Yoganandan kuolleesta ruumiista, on kokemuksemme mukaan mitä erikoisin tapaus. – – Hänen ruumiissaan ei ollut havaittavissa fyysisen hajoamisen merkkejä edes kahdenkymmenen päivän kuluttua kuolemasta. – – Hänen ihollaan ei ollut merkkejä homeesta, eikä ruumiin kudoksissa tapahtunut havaittavaa kuivumista. Tällainen ruumiin täydellisen ennallaan säilymisen tila on, sikäli kuin me tiedämme, ainutlaatuinen. – – Vastaanottaessaan Yoganandan ruumiin henkilökuntamme odotti näkevänsä arkun lasikannen läpi tavanomaiset ruumiin hajoamisen merkit. Hämmästyksemme kasvoi, kun päiviä kului eikä tarkkailun kohteena olevassa ruumissa tapahtunut mitään muutoksia. Yoganandan ruumis oli selvästikin ilmiömäisessä muuttumattomuuden tilassa. – –

Mitään kehon hajoamisesta aiheutuvaa hajua ei tuntunut missään vaiheessa. – – Yoganandan ulkomuoto maaliskuun 27:ntenä, kun arkun pronssikansi laskettiin paikoilleen, oli sama kuin se oli ollut maaliskuun 7:ntenä. Hän näytti maaliskuun 27:ntenä yhtä raikkaalta ja muuttumattomalta kuin oli ollut kuolemansa iltana. Maaliskuun 27:ntenä ei ollut syytä sanoa, että hänen ruumiissaan olisi tapahtunut minkäänlaista näkyvää hajoamista. Näistä syistä toteamme uudelleen, että Paramahansa Yoganandan tapaus on kokemuksemme mukaan ainutlaatuinen."

Lisää tietoa
Paramahansa Yoganandan
Kriya-Joogaopetuksista

Self-Realization Fellowship on omistautunut auttamaan hengellisiä etsijöitä maailmanlaajuisesti. Jos tahdot tietoja vuosittaisista yleisölle suunnatuista esitelmäsarjoistamme ja kursseistamme, ympäri maailmaa sijaitsevien temppeleidemme ja keskuksiemme meditaatio- ja muista tilaisuuksista, retriittien aikatauluista tai muusta toiminnastamme, pyydämme Sinua tutustumaan www-sivuihimme tai ottamaan yhteyttä kansainväliseen päämajaamme:

www.yogananda.org

Self-Realization Fellowship
3880 San Rafael Avenue
Los Angeles, California 90065-3219, U.S.A.
Puh. +1-323-225-2471

SELF-REALIZATION FELLOWSHIPIN OPETUSKIRJEET

Paramahansa Yoganandan antamia henkilökohtaisia ohjeita ja opastusta joogameditaation tekniikoihin ja hengellisen elämän periaatteisiin

Jos *Bhagavad Gitan joogassa* kuvatut totuudet vetävät sinua puoleensa, rohkaisemme sinua tilaamaan *Self-Realization Fellowshipin opetuskirjeet,* SRF Lessons, jotka ovat saatavilla englanniksi, italiaksi ja portugaliksi.

Paramahansa Yogananda ideoi tämän itseopiskelumateriaalin, jonka avulla vilpittömät etsijät voivat oppia ja harjoittaa niitä muinaisia joogameditaatiotekniikoita, joista tässä kirjassa kerrotaan – mukaan lukien kriya-jooga. Opetuskirjeet sisältävät lisäksi hänen käytännön ohjeitaan fyysisen, henkisen ja hengellisen hyvinvoinnin ja tasapainon saavuttamiseen.

Self-Realization Fellowshipin opetuskirjeet ovat tilattavissa nimelliseen hintaan (joka kattaa painatus- ja postikulut). Kaikki tilaajat saavat ilmaista, henkilökohtaista ohjausta harjoituksissaan Self-Realization Fellowshipin munkeilta ja nunnilta.

Lisätietoja...

Lisätietoja opetuskirjeistä on saatavilla osoitteessa www.yogananda.org/lessons.

Myös Self-Realization Fellowshipin julkaisema:

PARAMAHANSA YOGANANDA:
JOOGIN OMAELÄMÄKERTA

Tämä arvostettu omaelämäkerta piirtää erään oman aikamme suurimman hengellisen hahmon muotokuvan. Vangitsevalla suoruudella, kaunopuheisuudella ja älyllä Paramahansa Yogananda kertoo innoittavan elämäntarinansa: merkittävän lapsuutensa kokemukset, nuoruuden aikaiset tapaamisensa monien pyhimysten ja viisaiden kanssa kulkiessaan läpi Intian valaistunutta opettajaa etsimässä, kymmenen vuotta kestäneen koulutuksensa kunnioitetun joogamestarin luostarissa sekä kol-menkymmenen vuoden ajanjakson, jolloin hän eli ja opetti Amerikassa. Hän kertoo myös tapaamisistaan Mahatma Gandhin, Rabindranath Tagoren, Luther Burbankin, katolisen stigmaatikon Therese Neumanin sekä muiden tunnettujen hengenmiesten ja -naisten kanssa niin idässä kuin lännessäkin.

Joogin omaelämäkerta on sekä kauniisti kirjoitettu selonteko harvinaislaatui-sesta elämästä että syvällinen johdatus muinaiseen joogatieteeseen ja sen kunnioi-tettuun meditaatioperinteeseen. Tekijä selittää selkeästi ne salaiset mutta täsmälli-set lait, jotka ovat yhtä hyvin arkielämän tavallisten tapahtumien kuin harvinaisten, yleensä ihmeinä pidettyjen tapahtumien taustalla. Paramahansa Yoganandan kiehto-va elämäntarina tarjoaa täten syvällisen ja unohtumattoman luotauksen inhimillisen olemassaolon perimmäisiin mysteereihin.

Joogin omaelämäkerta, jota pidetään nykyajan hengellisenä klassikkona, on käännetty yli viidellekymmenelleviidelle kielelle ja sitä käytetään laajalti korkea-koulujen ja yliopistojen oppi- ja viitekirjana. Kirja on ollut pysyvä bestseller ilmes-tymisestään lähtien. Se on löytänyt tiensä miljoonien lukijoiden sydämiin ympäri maailman.

"Harvinainen tilitys"

— *The New York Times*

"Kiehtova ja kokemusaineistoon selkeästi perustuva kertomus"

— *Newsweek*

"Mitään tällaista joogan esitystä ei ole aikaisemmin ollut englanniksi tai millään muullakaan eurooppalaisella kielellä."

— *Columbia University Press*

SELF-REALIZATION FELLOWSHIPIN
SUOMEKSI KÄÄNNETTYJÄ KIRJOJA

Saatavana kirjakaupoista tai suoraan kustantajalta:

Self-Realization Fellowship
3880 San Rafael Avenue
Los Angeles, California 90065-3219, U.S.A.
Puh. +1 323 225-2471 • Fax +1 323 225-5088

www.srfbooks.org

Joogin omaelämäkerta

Jeesuksen jooga

Bhagavad Gitan jooga

Uskonnon tiede

Vahvistavien parannuslauseiden tiede

Onnistumisen laki

Kuinka voit puhua Jumalan kanssa

Metafyysisiä meditaatioita

Paramahansa Yoganandan sanontoja

Missä valo loistaa:
Innoitusta elämän haasteiden ymmärtävään kohtaamiseen

Miksi Jumala sallii pahuuden ja miten päästä pahan tuolle puolen

Peloton elämä

Sielun pyhäkössä

Sisäinen rauha

Voitokas elämä

Pyhä tiede

Vain rakkaus:
Hengellinen elämä muuttuvassa maailmassa

Intuitio:
Sielun ohjausta elämän valintoihin

Gurun ja oppilaan suhde

"Mejda":
Paramahansa Yoganandan varhaiset vuodet

Paramahansa Yoganandan Englanninkielisiä Kirjoja

Autobiography of a Yogi

The Second Coming of Christ:
The Resurrection of the Christ Within You
Inspiroitu kommentaari Jeesuksen alkuperäisistä opetuksista.

God Talks with Arjuna:
The Bhagavad Gita
Uusi käännös ja kommentaari.

Man's Eternal Quest
Paramahansa Yoganandan koottujen luentojen ja puheiden ensimmäinen osa.

The Divine Romance
Paramahansa Yoganandan koottujen luentojen, puheiden ja esseiden toinen osa.

Journey to Self-realization
Paramahansa Yoganandan koottujen luentojen ja puheiden kolmas osa.

Wine of the Mystic:
The Rubaiyat of Omar Khayyam — A Spiritual Interpretation
Inspiroitu kommentaari, joka tuo päivänvaloon jumalayhteyden mystisen tieteen
Rubaijatin arvoituksellisen kuvaston takaa.

Where There Is Light:
Insight and Inspiration for Meeting Life's Challenges
Oivaltavaa innoitusta elämän haasteiden kohtaamiseen.

Whispers from Eternity
Kokoelma Paramahansa Yoganandan rukouksia ja jumalallisia kokemuksia korkeissa meditaatiotiloissa.

The Science of Religion

The Yoga of the Bhagavad Gita:
An Introduction to India's Universal Science of God-Realization

The Yoga of Jesus:
Understanding the Hidden Teachings of the Gospels

In the Sanctuary of the Soul:
A Guide to Effective Prayer

Inner Peace:
How to Be Calmly Active and Actively Calm

To Be Victorious in Life

Why God Permits Evil and How to Rise Above It Living Fearlessly:
Bringing Out Your Inner Soul Strength

How You Can Talk With God

Metaphysical Meditations
Yli kolmesataa hengellisesti kohottavaa meditaatiota, rukousta ja affirmaatiota.

Scientific Healing Affirmations
Paramahansa Yoganandan perusteellinen selostus vahvistavien parannuslauseiden tieteestä.

Sayings of Paramahansa Yogananda
Kokoelma Paramahansa Yoganandan lausumia ja viisaita neuvoja, hänen vilpittö-miä ja rakastavia vastauksiaan niille, jotka tulivat hakemaan häneltä opastusta.

Songs of the Soul
Paramahansa Yoganandan mystistä runoutta.

The Law of Success
Selittää ne dynaamiset periaatteet, joita noudattamalla on mahdollista saavuttaa tavoitteensa elämässä.

Cosmic Chants
Kuudenkymmenen antaumuksellisen laulun sanat (englanniksi) ja melodiat.
Johdannossa Paramahansa Yogananda selittää, miten hengellinen laulu voi johtaa Jumal-yhteyteen.

Paramahansa Yoganandan
Äänitteitä

Beholding the One in All

The Great Light of God

Songs of My Heart

To Make Heaven on Earth

Removing All Sorrow and Suffering

Follow the Path of Christ, Krishna, and the Masters

Awake in the Cosmic Dream

Be a Smile Millionaire

One Life Versus Reincarnation

In the Glory of the Spirit

Self-Realization: The Inner and the Outer Path

MUITA
SELF-REALIZATION FELLOWSHIPIN
JULKAISUJA

Swami Sri Yukteswar:
The Holy Science

Sri Daya Mata:
Only Love:
Living the Spiritual Life in a Changing World

Sri Daya Mata:
Finding the Joy Within You:
Personal Counsel for God-Centered Living

Sri Gyanamata:
God Alone:
The Life and Letters of a Saint

Sananda Lal Ghosh:
"Mejda":
The Family and the Early Life of Paramahansa Yogananda

Self-Realization
(Paramahansa Yoganandan vuonna 1925 perustama lehti)

DVD (Dokumentti)
Awake:
The Life of Yogananda
Palkittu dokumentti Paramahansa Yoganandan elämästä ja työstä.

Täydellinen luettelo Self-Realization Fellowship -julkaisuista sekä ääni- ja videotallenteista on saatavana pyydettäessä.

Self-Realization Fellowshipin
Päämäärät ja ihanteet

Määritellyt Paramahansa Yogananda, perustaja
Veli Chidananda, presidentti

Levittää kansojen keskuuteen tietoa täsmällisistä tieteellisistä tekniikoista, joiden avulla voidaan saavuttaa suora henkilökohtainen kokemus Jumalasta.

Opettaa, että elämän tarkoitus on ihmisen omien ponnisteluiden kautta tapahtuva kehitys rajallisesta kuolevaisen tietoisuudesta Jumal-tietoisuuteen ja tätä varten perustaa kaikkialle maailmaan Self-Realization Fellowshipin temppeleitä, joissa voidaan harjoittaa Jumal-yhteyttä, sekä kehottaa ihmisiä perustamaan Jumalan temppeleitä omiin koteihinsa ja sydämiinsä.

Tuoda julki alkuperäisen, Jeesuksen Kristuksen opettaman kristinuskon sekä alkuperäisen, Bhagavan Krishnan opettaman joogan välinen täydellinen harmonia ja perustavanlaatuinen ykseys ja osoittaa, että nämä totuuden periaatteet ovat kaikkien tosi uskontojen yhteinen tieteellinen perusta.

Näyttää se jumalallinen valtatie, jolle kaikkien tosi uskontojen tiet lopulta johtavat: päivittäisen tieteellisen ja antaumuksellisen meditaation valtatie.

Vapauttaa ihminen hänen kolminkertaisesta kärsimyksestään: kehon sairauksista, mielen tasapainottomuudesta ja hengellisestä tietämättömyydestä.

Edistää yksinkertaista elämää ja syvällistä ajattelua; levittää kansojen keskuuteen veljeyden henkeä opettamalla niiden ykseyden ikuista perustaa: että ne kaikki ovat Jumalan sukua.

Osoittaa, että mieli hallitsee kehoa ja sielu mieltä.

Voittaa paha hyvällä, suru ilolla, julmuus ystävällisyydellä, tietämättömyys viisaudella.

Yhdistää tiede ja uskonto niiden perimmäisten periaatteiden ykseyden oivaltamisen kautta.

Edistää idän ja lännen keskinäistä kulttuurista ja hengellistä ymmärrystä ja kummankin parhaiden ominaispiirteiden keskinäistä vaihtoa.

Palvella ihmiskuntaa omana laajempana Itsenä.

www.ingramcontent.com/pod-product-compliance
Lightning Source LLC
LaVergne TN
LVHW051632080426
835511LV00016B/2303